ひかりのくに

年中行事のシアターはおまかせ！

お役立ちがたっぷり！の1冊です☆

その1 年中行事がたっぷり！

シアターで演じたい年中行事や季節のテーマが大集合！　20テーマ、30作品がぎゅっと1冊になりました。子どもたちに楽しく、分かりやすく伝えられます。行事のいわれ・由来の解説付き！　毎月の誕生会や季節の行事のシアター選びに役立つので、1年中大活躍の1冊です☆

その2 シアターのバリエーションがたっぷり！

定番のパネルシアター、ペープサートから、紙皿、紙コップ、うちわなどの身近な素材を使ったものまで、バリエーションたっぷりに紹介しています。それぞれにアレンジ例や、盛り上がるポイント・演じ方のコツを掲載！　どれも簡単にできて、楽しい作品ばかりです♪

本書の見方

演じるときのポイント

1 動作は大きく、表情は豊かに！

子どもたちは絵人形だけでなく、演じ手の動きや表情も含めてシアターの世界を楽しんでいます。演じ手がオーバー気味に演じることで、子どもたちをシアターの世界に一気に引き込みます。

2 子どもたちの顔・反応を見て演じましょう！

演じるときは、子どもたちの顔・反応を見ながら進めましょう。子どもたちとのやり取りを楽しむことが大切です。

3 演じ手も思い切り楽しみましょう！

シナリオ通りにうまく演じようとせず、保育者自身もシアターを楽しみましょう。イキイキとした演じ手の姿を見て、子どもたちも楽しむことができます。

もくじ

7～8分

ペープサート

み～んなみんなおめでとう！

案／松家まきこ・製作／青木菜穂子

はじまりのことば

ー（お花）を持ちながら、『おはながわらった』を歌う

●♪おはながわらった
おはながわらった～
○○組のみんな、
進級（入園）おめでとう！
みんなが来るのを
楽しみに待っていたよ！

1

ー（お花）を台に立てる。（扉）と（ネコちゃん）を重ねて持ち、揺らす

（扉）トントントン

●あれ？　誰か来たみたい！
誰かな？　ニャンニャンニャンって
聞こえるよ。

POINT

子どもたちが考えるヒントになるように、少しずらして耳を見せても良いですね。

2

ー子どもたちの反応を受けて、（扉）を左手に、（ネコちゃん）を右手に持つ

●あら、ネコちゃんだったんだね！
あれ、どうしたの？

（ネコちゃん）あ～んあ～ん。わたしのお部屋が
どこか分からないよう！

●新しいお部屋がどこか分からなく
なっちゃったのね。え～っと、
ネコちゃんの名札はピンク色だから、
さくら組だね。さくら組さんはあっちですよ。

アレンジ

組の名前は、年少組の名前などに変えると良いでしょう。

3

―（ネコ）に裏返す

（ネコ）わあ！　ありがとう！
じゃあね～

（保育者）あ～よかった！

―（ネコ）を動かして下げる

4

―（ドア）の後ろに（ゾウ）を重ねて持ち、揺らす

（ドア）トントントン

（保育者）あれ？　今度は誰かな？
パオ～ンって聞こえるよ。

5

―子どもたちの反応を受けて、
（ドア）を左手に、（ゾウ）を右手に持つ

（保育者）あ、ゾウくんだ！

（ゾウ）おはようパオ～ン！
ぼくは今日からそら組！
一番大きいクラスだぞう！
お当番も頑張るぞう！
ちっちゃい組のお友達にも優しくするぞう！
サッカーも大好きだぞう！

6

―（ゾウ）に裏返す

（ゾウ）いくぞう～ナイスキーック！

―（ゾウ）を蹴る動きに合わせて
動かして下げる

（保育者）あらあら、ゾウくん、張り切っていますね。

つづく

7

ー の後ろに を重ねて持ち、揺らす

トントントン

ー を左手に、 を右手に持つ

あら！　今度は五つ子のリスちゃんたちです！

ー を下げる

8

ー に裏返す

ぼくたち積み木が大好き！

ー を左手に持つ

お城だって！

9

ー に裏返し、同時に を下げる

船だって力を合わせて作れるよ！
大きな海へ出発だ～！
いってきま～す！

10

今日も○○園のみんなは
元気いっぱい！
これからも元気に遊ぼうね！

ー を持ち、おめでとう に裏返しながら

進級（入園）おめでとう！

進級・入園　7～8分

パクパクシアター

おはよう！

案／松家まきこ

はじまりのことば

―（池）を見せてから机に置きながら

お池の中からケロケロケロ！
カエルのケロちゃんが目を覚ましましたよ。

1

―右手に（ケロちゃん）をはめ、口を動かしながら

（ケロちゃん）おはよう、おはよう！　ケロケロケロ！
春になったよ。ケロケロケロ！
…エッヘン。今起きたばかりだから、
まだあんまり声が出ないぞ。
そうだ、声を出す練習、発声練習をしよう。

2

（ケロちゃん）カエルぴょこぴょこ　みぴょこぴょこ
あわせてぴょこぴょこ　むぴょこぴょこ
さあ、みなさんもご一緒に！

―子どもたちと一緒に

（ケロちゃん）カエルぴょこぴょこ　みぴょこぴょこ
あわせてぴょこぴょこ　むぴょこぴょこ　難しいね～

つづく

3

—左手に をはめ、口を動かしながら

あ〜あ（あくび）。なになに？　目が覚めたと思ったらなんだか賑やかね。何してるの？

あ！　ピョンちゃん久しぶり〜！
あのね。今、みんなと一緒に
発声練習をして遊んでたんだよ！

わあ！　楽しそう！　私も入れて〜

POINT

口を大きくゆっくりと動かして、２匹のどちらが話しているのか分かりやすいようにしましょう。

4

— の口を動かしながら

いいよ！
一緒にまねっこしてね
カエルぴょこぴょこ
みぴょこぴょこ
あわせてぴょこぴょこ
むぴょこぴょこ　さんはい！

5

—子どもたちと一緒に、 の
口を同時に動かしながら

カエルぴょこぴょこ　みぴょこぴょこ
あわせてぴょこぴょこ　むぴょこぴょこ
楽しいね〜

6

— の口を動かしながら

それなら次は
こんな感じはどう？
カエルぴょんぴょこ
ぴょんぴょこりん
ぴょこぴょこぴょこぴょこ
ぴょんぴょこりん　はい！

—子どもたちと一緒に、 の口を
同時に動かしながら

カエルぴょんぴょこ
ぴょんぴょこりん
ぴょこぴょこぴょこぴょこ
ぴょんぴょこりん
すごい！　みんなじょうず〜！

カエル
ぴょんぴょこ
ぴょんぴょこりん！

7

みんなとってもいい声に
なったから、
次は歌をうたっちゃおう！

―子どもたちと一緒に
『かえるの合唱』を歌う

アレンジ

年齢に合わせて『かえるの合唱』の輪唱を楽しんでみましょう。

8

春ってウキウキうれしいね！
元気にいっぱい遊ぼうね。

かえるの合唱　訳詞／岡本敏明　作曲／ドイツ民謡

9

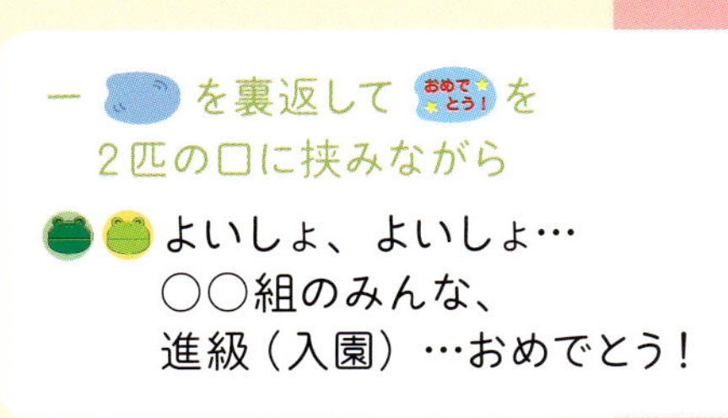

― を裏返して おめでとう！ を
2匹の口に挟みながら

よいしょ、よいしょ…
○○組のみんな、
進級（入園）…おめでとう！

こどもの日（5月5日） 5～10分

パネルシアター

やったね！今日はこどもの日

案・製作／kit-chen（小沢かづと、iku、鈴木翼）

使うもの▶作り方＆型紙P.102～103

はじまりのことば

●もうすぐ5月5日、こどもの日がやって来ますね。
今からこどもの日の準備をしようと思うのだけど、みんな一緒にしてくれるかな？

1

●まずは、こどもの日にお家の外に飾る、大きな物を持ってきましたよ。
―を貼りながら
●そう、この…メダカのぼり！

POINT
子どもたちとのやり取りを楽しみながら演じましょう。

2

―子どもたちの反応を受け、
●ああ！　間違えちゃった！
飾るのは、メダカのぼりじゃなくて、
こいのぼりだったね。
―裏返して にする

3

● 魚のコイは、流れの速い川や滝を
一生懸命泳いで天に昇り、竜になったんだって。
コイのように、みんなにも、
元気にたくましく大きくなってほしい！
そう願って、こいのぼりを空に揚げるんだよ。
— を左上にずらす

4

● あと、こどもの日には
これを飾るんだよね。
— に を重ねて貼る
● この…ヘルメット！　あれ？　ヘルメット？？
こどもの日には、ヘルメットを飾るんだっけ？

5

— 子どもたちの反応を受け、
裏返して にする
● そうだそうだ！
ヘルメットじゃなくて、
かぶとだったね。かっこいいね〜。
かぶとは、事故や災害などの
悪いことから
みんなを守ってくれるんだって！
— を左にずらす

つづく

6

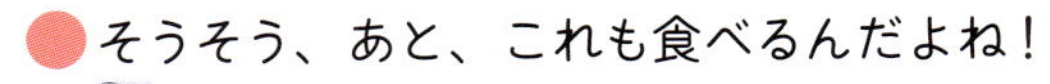

● そうそう、あと、これも食べるんだよね！

― (団子の絵)を貼る

● あれ？　間違えてお団子を出しちゃった！

● みんな、こどもの日に食べる、
白くておいしい物って
何か知ってる？

7

―子どもたちの反応を受け、
裏返して (柏餅の絵) にする

● こどもの日に食べる白くておいしい物は…
柏餅だね！
おいしそうだね。

8

長生きできますように

● 柏餅に巻かれているこの葉っぱは、
カシワっていう木の葉っぱだよ。
カシワの木の葉っぱは、新しい芽が
育つまで地面に落ちないんだって。
このカシワのように、
みんなも長生きできますようにと願って、
柏餅を食べるんだよ。

― (柏餅の絵)を上にずらす

9

●最後にお花の準備をしなくちゃね。

ー を貼りながら

●こどもの日に飾るお花は…これ！？？　ああ！
間違えてチューリップを持ってきちゃった！
飾るのはチューリップじゃなくて、
菖蒲（しょうぶ）っていうお花だね。

10

ー裏返して にする

●このお花の葉や茎を
お風呂に入れて、菖蒲湯にするのよ。
強い香りで、病気や災害を
寄せ付けないと言われているんだよ。

11

ー をそれぞれ指差しながら

●さあさあ、準備が整ったわね。こどもの日は、
こいのぼりやかぶとを飾って、柏餅や菖蒲を
用意して、「みんなが元気に大きくなりますように」と
お願いする日なのよ。さあ、元気いっぱい遊ぼうね！

おしまい

アレンジ

「こどもの日に空で泳いでいるものなんだ？」と問い掛けて、正解（答え　こいのぼり）したら絵人形を出すなど「こどもの日クイズ」にしてみましょう。

菖蒲には どんな意味があるの？

中国では、旧暦の5月5日は湿気で疫病や食中毒などに侵されやすい時季なので、ヨモギで人形を作り玄関に掛けて毒気を払い、菖蒲酒を飲み、ちまきを食べる風習があったそうです。やがて日本にもそれが伝わり、武士の間で「勝負」「尚武（しょうぶ）」に通じ、邪気を払うといわれる菖蒲湯に入る風習が定着したようです。この菖蒲は、紫の花が咲く「花菖蒲」とは別の物です。

こどもの日（5月5日） 10分

ペープサート

ボーリーのぼうけん

案／すかんぽ・製作／後藤みき

はじまりのことば

● こいのぼりのボーリー、きれいな青空を見て冒険に行きたくなりました。どんな出会いが待っているのかな？

1

ーポールとボーリーを立てながら

● 気持ちの良い青空に、こいのぼりのボーリーが泳いでいました。

ボーリー わー気持ちが良いな。でもいつもここでしか泳いだことがないから、たまには違う所にも行ってみよう！

2

ーポールをしまい、ボーリーを泳ぐように動かしながら

ボーリー わぁ、空って広いな～。なんだかワクワクするなぁ！　コーイコイコイ。

POINT

ボーリーが子どもたちの方に飛んでいくなど、子どもたちも参加できるようなやり取りを楽しみましょう。

3

ー（雲）を出す

（ボーリー）あっ、雲だ！　おいしそう！　いただきまーす。

ー（ボーリー）を（雲）に重ねるように動かしながら

（ボーリー）パクパク…。あ〜、雲ってフワフワ
おいしいな〜〜〜。ごちそうさま〜。

ー（雲）をしまう

（ボーリー）あー、空って楽しいなー。
コーイコイコイコイ。

4

ー（電信柱）を立てる

（ボーリー）あれ？　こんな所に電信柱がある！
じゃあここでひと休みするか！

ー（ボーリー）を（電信柱）に近づけて立てながら

（ボーリー）ふ〜、やっぱり落ち着くなぁ。

5

ー（スズメ）を出しながら

（スズメ）チュンチュン…。あれ？　ボーリーじゃない？
こんな所にいるなんて珍しいわね！

（ボーリー）そうなんだ！　ぼく、空の冒険をしているんだ！

（スズメ）それってすごくおもしろそう！
じゃあ楽しんでね！！

（ボーリー）スズメさん、バイバーイ！

ー（スズメ）をしまう

（ボーリー）さぁ、次はどこに行こうかな？

ー（ボーリー）を持ち、（電信柱）をしまう

つづく

6

ー子どもに問い掛けるように
あれ？　何だか音がする…、あれ何かな？

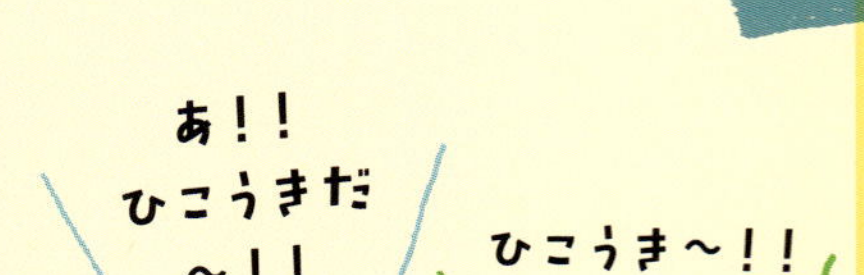

ー を立て、 を出して横切るように動かしながら
ビューーーーーン
ー子どもたちの反応を見ながら
へ～飛行機って言うんだー！　速くてかっこいいね！
あ～空って楽しいなー！　コーイコイコイコイ。

7

POINT

飛行機が勢い良く通り過ぎる演出で、ボーリーをクルッと回したり、左右に揺らしたりすると良いでしょう。

8

すると急に風が吹いてきました。
ー に裏返し、風に飛ばされるように動かして下げながら
わ、わわわーーー

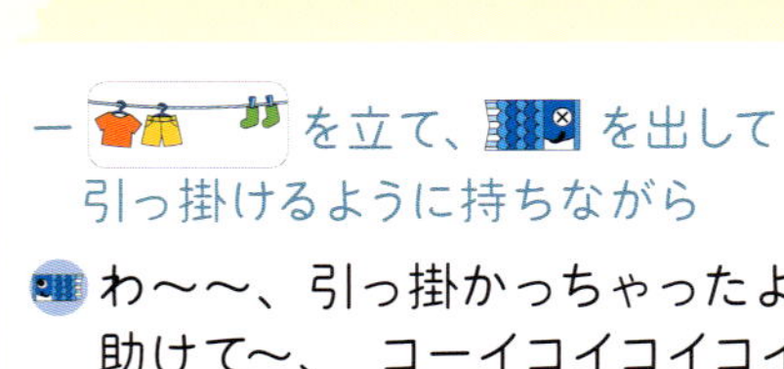

ー を立て、 を出して引っ掛けるように持ちながら
わ～～、引っ掛かっちゃったよ～！
助けて～、　コーイコイコイコイ。

9

10

ボーリー！
ー を出す
あ！　ボーリー、こんな所にいた！
探してたんだよ！
ー が を助けるようにして立てながら
よいっしょ！　さぁ、一緒に帰ろう！
ー をしまい、 を裏返す

11

ー を立て、 をくっ付けながら
ほー、助かった。ありがとう！
やっぱりここが一番落ち着くなぁ。
気持ちの良い青空に、
こいのぼりのボーリーは
今日も元気に泳いでいます。
みんなもボーリーを見つけてみてね！

おしまい

アレンジ

空で出会う物を変えたり、飛行機の速さを
変えて再登場させたりしても楽しめます。

なぜコイなの？

こいのぼりは、元々武士が名前をあげるために作ったのぼりを、男の子が誕生すると家の前に立てたことから始まったとされています。やがて真っすぐなのぼりは、流れに逆らい龍に進化するといわれる、勢いの良い魚であるコイに姿を変えました。江戸時代に入ると裕福な町人たちもまねをし始めて、男子が生まれるとこいのぼりを揚げ始めました。やがて現在のような形になって一般に広がっていきました。

こどもの日（5月5日）　10分

ハンガーシアター

こいのぼりのこいちゃん

案・製作／kit-chen（小沢かづと、iku、鈴木翼）

使うもの ▶ 作り方＆型紙P.106〜107

ハンガー

こいちゃん

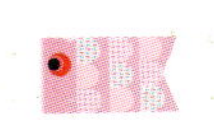
お姉ちゃん

お兄ちゃん

お父さん

お母さん

はじまりのことば

みんな、5月5日のこどもの日にお空に泳いでいるものってなーんだ？そう、こいのぼりだね。今日は小さなこいのぼりのこいちゃんに来てもらったよ。おーい、こいちゃ〜ん！

1

ーハンガーに こいちゃん をはめて右手に持つ

こいちゃん：は〜い！　ぼくは、小さなこいのぼりのこいちゃん。見て見て〜！

こいちゃん：こんなに早く空を飛べるんだよ〜。すごいでしょ！

ー左手に持ち替える

こいちゃん：でも、まだぼくは小さいし、高くは飛べないんだ…

2

そこへお姉ちゃんがやって来ました。

ー お姉ちゃん を右手に持つ

お姉ちゃん：おーい！　こいちゃ〜ん。あれ、どうしたの？少し元気がないみたい。

こいちゃん：あのね、ぼく、お父さんみたいに高く飛べたらいいなって思っていたんだ。でも、まだまだ全然飛べなくて…

お姉ちゃん：そうなのね…そうだ！私の背中に乗ってみたらどうかしら？

3

ーハンガーの下に お姉ちゃん をはめ、ゆっくり上にあげながら

こいちゃん：よいしょ、よいしょ…！ん〜、よいしょ〜！！

こいちゃん：わーい、すごーい！　高〜い！ありがとうお姉ちゃん！　あのさ、もっともっと高く飛んでみたい！

お姉ちゃん：ええ〜、もっと高く！？

4

ー お兄ちゃん を出しながら

お兄ちゃん：よーし！　その願い、僕が叶えてあげよう！

今度は、お兄ちゃんがやって来ました。

お兄ちゃん：こいちゃんいくぞー、それっ！　それ〜！

ーハンガーの下に お兄ちゃん をはめ、勢い良く上にあげる

こいちゃん：うわっうわっうわ〜、たっかーーーい！

POINT

「こいちゃんがもっと高く飛べるように、みんなで応援してね！」など、子どもたちに応援してもらいながら進めると盛り上がります。

だ・け・ど、もっともっと
もーーっと高く飛んでみたーーい！

えー！？　もっともっともーーっと高く！？？

お姉ちゃんも、お兄ちゃんも、
これ以上高く飛ぶことはできません。
どうしたらいいのかと困っていたそのときです。

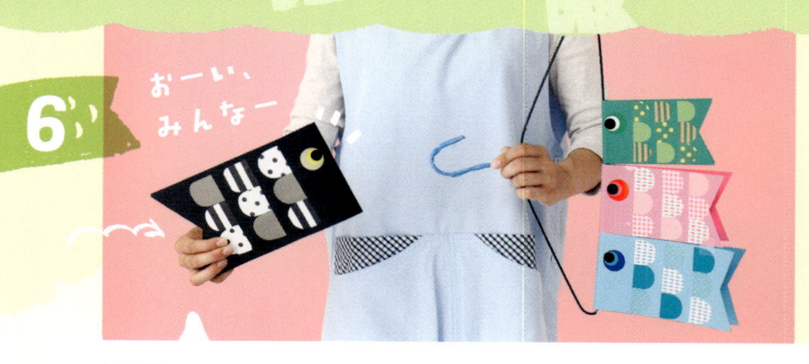

ー を出しながら

おーい、みんなー、何をしているんだい？

お父さんっ！　こいちゃんが高く飛べるように
手伝っていたんだ。だけど、僕たちじゃこれ以上高く
飛ばしてあげられなくって…

なんだなんだ、そういうことか。それなら
お父さんにも手伝わせておくれ！

ーハンガーの下に をはめ、
ゆっくりと上にあげながら

よーし行くぞ～！
…そーれっ！　よいしょー！

いやっほ～～！　すご～～～い！
ぼく、お父さんみたいに高く飛んでるよ！
いやっほ～～！
みんなほんとにありがとう～！

ーハンガーを大きく動かす

ぐぅ…。ねぇ、みんな？

どうしたの？　もしかして、
もっと高く飛びたいの？

ううん。あのね、
おなかがすいちゃった！

もう、
こいちゃんってばー！
あはははは

アレンジ

こいのぼりを子どもの写真に変え、誕生児を主役にして
ストーリーを進めていくのもおもしろいですよ。

そこへ、お母さんこいのぼりがやって来ました

ー を出しながら

こいちゃーん、みんな～！　そろそろおなかが
空いたんじゃない？　ごはんができたわよ～！

わーい、ごはんだごはんだ～！

ー を見ながら

こいちゃん、ごはんをいっぱい食べて大きく
なったら、いつか一人でも空を高く飛べるかな？

歯と口の健康週間（6月4日～10日）　15～20分

クリアフォルダーシアター

ハミガキしないのだーれ？

案・製作／浦中こういち

はじまりのことば

●みんなこんにちは。今日はね、とってもおいしい物を持ってきたの。

ー（お菓子）を見せながら

●これと、これと…

1

ー（たろくん）を出し、動かしながら

（たろくん）先生、こんにちは。
先生、いいなあ、いいなあ。

●あれ？　たろくん。
もしかして、お菓子を食べたいの？

（たろくん）うん！　食べたい！！

●いいよ。おうちにたくさんあるから、あげるね。

（たろくん）ありがとう！　いただきまーす！

2

ーお菓子の名前を次々に言いながら、（たろくん）の口に（お菓子）を入れていく

（たろくん）わーい、ビスケットおいしいなあ～。
ムシャムシャムシャ。次はアイスも、
ペロペロペロ。やったあ、チョコも！
モグモグモグ…。

●はい、これでおしまいよ。

3

ー（ハブラシ）を出しながら

●さぁ、たろくん、
食べたら歯磨きだよ～！

4

え〜。…たくさん食べたら、
ねむたくなってきちゃった。

だめだよ、たろくん！　ちゃんと歯磨きしないと…。

ー を抜き、一番後ろに入れて にする

ふぁ〜あ。（あくび）

あ〜あ。たろくん歯磨きしないで寝ちゃった…。

5

ー を立て掛けて置き、 を出す

ぎゃははは！　歯磨きをしない子は誰だい？
おや、いい匂いがするぞ。
うひゃ〜！　ごちそうがいっぱいだ！
歯磨きしないで眠ったのか。

6

ー を立て、 で歯を黒く塗りながら

ウッヒッヒ。いただきま〜す！
ここも…ここも…。
あ〜おいしかった。ごちそうさま〜。

ー をしまう

POINT

子どもたちの反応を見ながら黒く塗っていきます。声色、表情を変えてややオーバーに演じましょう。

つづく

7

●あれ、たろくん、まだ寝てるの？
おーい、起きて〜！

―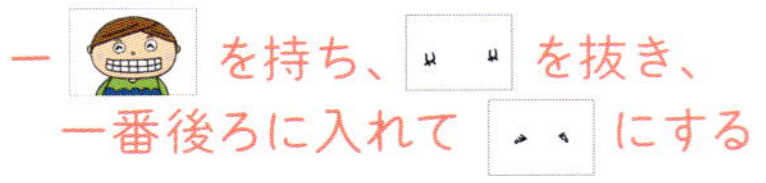を持ち、を抜き、
一番後ろに入れて　にする

あれ？　あれ？　なんか変だ。
歯が痛いよ〜〜〜。

8

9

―子どもたちに聞く

●どうして歯が痛くなっちゃったの？

―子どもたちの言葉を拾う

●そうね。たろくん、歯磨きしないで
寝ちゃったからよね。

10

―を動かしながら

えーん。えーん。
痛いよ〜
痛いよ〜。

11

―を立て掛け、
を付ける

●これは、大変だ！
すぐに歯磨きをしなくっちゃ！

12

ー 🪥 を出して、
消していきながら

●よーし、口を大きく開けて～！
上の歯、下の歯…。
ここも、ここも。よしよし。

POINT
1本ずつ丁寧に磨くことを伝えながら消していきましょう。

13

●これで大丈夫！
たろくん、とっても痛かったでしょ？
虫歯にならないように、
これからはしっかり歯磨きをしようね。

ー ［目の絵］ を抜いて、［目の絵］ にする

🧒はーい！　みんなもぼくと一緒に、
歯磨きしようね！！

おしまい

アレンジ
保育室に置いておき、たろくんと一緒に歯磨きできるようにしておくといいですね。

歯と口の健康週間ってなあに？

1928（昭和3）年、日本歯科医師会が「6 4（むし）」にちなんで虫歯予防デーとして始めました。やがて何度かの中止や名称変更を経て、2013（平成25）年より6月4日から10日までの1週間を「歯と口の健康週間」とするようになりました。歯の衛生に関わる知識を広める行事や、歯の無料検診・健康相談、虫歯や歯周病の予防が行なわれています。80歳になっても自分の歯を20本残そうという「8020（はちまるにいまる）運動」も特に力を入れて行なわれています。

時の記念日（6月10日）　10分

指人形シアター

とけいくん

案・製作／藤本ともひこ

使うもの ▶ 作り方＆型紙 P.111

とけいくん

ウサギちゃん

ネコくん

パンダくん

おにぎり

クッキー

はじまりのことば

―とけいくんを出す

とけいくん：みんな、こんにちは。ぼく、とけいくん。6月10日は何の日か知ってる？　「時の記念日」と言って、時間の大切さを伝える日だよ！　おやおや、誰か来たみたい…。

1

9時でーす！

―とけいくんを9時にセットし、ウサギちゃんをはめて登場させる

ウサギちゃん：あなただーれ？

とけいくん：ぼく、とけいくん！　みんなに時間を教えるよ。

―『チクタク　チクタク』を歌う

とけいくん：♪チクタク　チクタク　じかんは　すすむよ　チクタク　チクタク　みんないっしょに　チクタク　チクタク　チクタク　9時でーす！

ウサギちゃん：9時か～！　早くみんな来ないかなあ？

2

―ネコくんを出し、指にはめる

ネコくん：おーい、ウサギちゃ～ん、とけいく～ん！

ウサギちゃん：あら、ネコくん！　おはよう！

―とけいくんの針を10時に動かしながら、『チクタク　チクタク』を歌う

とけいくん：10時でーす！

3

ぼくはここに隠れるぞ…

ネコくん：10時になったからかくれんぼうしようよ！

ウサギちゃん：いいねいいね！

とけいくん：いいよ～！　僕が鬼になるよ　いくよ～、い～ち、に～い…。

―ウサギちゃんとネコくんをポケットなどに隠しながら

ウサギちゃん：わ～～、どこに隠れようかな…。

ネコくん：ぼくはここに隠れるぞ…。

POINT

ポケットや頭の後ろなど、隠れる場所を工夫してみましょう。
子どもたちの中に紛れて隠すのもおもしろいでしょう。

4

―を持って探し、
見つけたら指にはめる

あ〜見つかっちゃった〜

パンダくんがやって来ました

―を登場させ、指にはめる

あ〜、おなかがすいたよ〜。

―の針を 12 時に動かしながら、
『チクタク チクタク』を歌う

♪〜チクタク チクタク 12 時でーす！

―を出しながら

もう 12 時だ！ お昼ご飯の時間だね。
みんなでこの大きなおにぎりを食べよう！

やった〜！

モグモグモグモグ…。
あ〜おいしかった！

―をしまう

5

なんだか眠たくなってきちゃったね〜、ふぁあ〜

ふぁあ〜、おやすみなさい

―を外し、寝かせるように机の上に置く

―の針を3時に動かしながら、
小声で『チクタク チクタク』を歌う

3時でーす！

―徐々に声を大きくしながら繰り返し、を立てる

6

―を指にはめながら

あ〜よく寝た！

もう 3 時？ うわぁ！
3 時のおやつは大きなクッキーだ〜！

おいしそ〜！ いただきま〜す！

―を持ち、両手を動かしながら

ムシャムシャムシャ…、あ〜おいしかった！

―をしまう

7

アレンジ

本物の時計の近くやよく見える場所など、保育室に置いておくと良いですね。

もしとけいくんがいなかったら、わたしたちは時間が分からなくて、困っちゃうんだね。

ごはんもおやつもとけいくんの
おかげで、いつしたらいいのか分かるんだ！

とけいくん、いつもありがとう！

えへへ、どういたしまして。

時の記念日の成り立ち

時間をきちんと守り、生活の改善・合理化を図ることを目的に、1920（大正9）年に制定されました。日本で初めて時間を正確に測る水時計（漏刻）が天智天皇によって設置されたのが旧暦の4月 25 日であることが、古い歴史書『日本書紀』に書かれています。この日を新暦に置き換えると、今の6月 10 日にあたるので、時の記念日としたそうです。

七夕（7月7日） 7～8分

ワンシートシアター

たなばたさま

案／松家まきこ・製作／大塚亮子

使うもの ▶ 作り方＆型紙 P.112

たなばたさまシート

はじまりのことば

● 7月7日は何の日か知っているかな？　そう、七夕の日だよね。
『たなばたさま』の歌をみんなと一緒に歌いたくて、こんな物を持ってきたよ！

1

―あらかじめ折り畳んだ［たなばたさまシート］を持ちながら『たなばたさま』を歌う

● ♪ささのは　さらさら

2

―右に少しずつ開きながら

● ♪のきばに　ゆれる
おほしさま　きらきら
きんぎん　すなご

POINT

どの部分を歌っているのか、子どもたちが分かりやすいように歌う速さを調整しましょう。

―左に少しずつ開きながら

♪ごしきの　たんざく
わたしが　かいた

―上に少しずつ開きながら

♪おほしさま　きらきら
そらから　みてる

アレンジ

シアター後は、子どもたちがいつでも見て歌えるように、保育室の見える位置に飾っておくといいですね。

♪たなばたさま　作詞／権藤はなよ　補詞／林 柳波　作曲／下総皖一

軒端（のきば）・砂子（すなご）・五色（ごしき）の短冊ってなあに？

軒端は、建物のひさしの端の部分のことです。砂子とは金箔・銀箔の粉末で短冊などに吹き付ける物です。五色の短冊の五色とは、魔除けの色である青（緑）、赤、黄、白、黒です。これに願い事を書いて吊るせば叶うという言い伝えがあります。五色は元々の日本の色の概念で、「緑」は青の中に含まれていました。青葉・青汁・青菜・青信号など、今でも言葉として残っています。

七夕（7月7日） 15～20分

スタンドカードシアター

たなばたのおはなし

案／松家まきこ・製作／後藤みき

はじまりのことば

● 夜空に浮かんだ天の川。その両側でひときわ美しい2つの星がありました。

ー 天の川・織り姫・彦星の順に重ねて立たせる。

ー 彦星を少しずつ引き出しながら

● この青く輝く星は、彦星。
とっても働き者の牛飼いの星です。

ペープサートで演じても！

ー 織り姫を少しずつ引き出しながら

● そして、こちらの
ひときわ美しい星は、織り姫。
機織りの星です。
織り姫は機織りをするときに、いつも、
美しい声で歌を歌っていました。

ー『たなばたさま』（P.29）をハミングで歌う

織り姫 ♪ラーラーラーラー　ラーラララー

● その美しい歌声は、天の川の
反対側まで届き、
彦星はいつもその歌に
聞き入っていました。

POINT

子どもたちの反応を見ながら、少しずつ引き出しましょう。

3

―［カード］を少し前に出す

（彦星）ああ、なんて美しい声なんだろう。
歌っているのはどんな方なんだろう。

● するとある日、彦星が天の川の
近くでウシの世話をしていると…

―『たなばたさま』をハミングで歌いながら
［カード］を少し前に出し、［カード］に裏返す

（織り姫）♪ラーラーラーラー　ラーラララー

● 歌をうたいながら、織り姫が
天の川の向こうに現れたのです。

4

―［カード］に裏返す

● 彦星は、はっとしました。

（彦星）いつも聞こえていた歌声の人は、
君だったんだね！

● 彦星は、織り姫をひと目見て、
すぐに好きになりました。
そして、織り姫も、彦星のことが
大好きになりました。

5

―［カード］［カード］を［カード］にかぶせて近づけながら

● 2人はうれしくてうれしくて、
毎日会っては遊んでばかりいるように
なりました。そう、2人は、
ウシの世話も機織りのお仕事も
すっかり忘れて、
遊んでばかりいるようになったのです。

つづく

6

● すると…

ー を出す

● その様子を見ていた織り姫のお父さんは怒りました。

このままでは、２人とも遊んでばかりになってしまう。自分の仕事がしっかりとできるように、お前たちは、天の川の両岸に離れて、二度と会えないように暮らすのだ！

● そう言って、２人を離れ離れにしてしまいました。

7

ー を離しながら

織り姫ちゃ〜ん

彦星さ〜ん

8

ー を折り返し、 にする。
 も同様に にする。

織り姫ちゃんに会いたいよー

彦星さんに会いたいわー

離れ離れなんて嫌だよー

9

● でも、泣いてばかりいても仕方がありません。

ー を折り返し にしながら

● そこで、彦星は、また、ウシの世話に、

ー を折り返し にしながら

● 織り姫は機織りの仕事に戻り、２人は寂しさを忘れるように、毎日毎日、一生懸命働くようになりました。

―（絵）を裏返し（絵）にしながら

● すると、その様子を見ていた
織り姫のお父さんは、こう言いました。

（絵）２人ともこんなに毎日、一生懸命働いている。
会えないままでいるのもかわいそうだから
年に一度、７月７日だけ、
２人が会えるようにしてあげよう。

● それを聞いた彦星と織り姫は
大喜びです。

―（絵）を（絵）にして前に出しながら

（絵）織り姫ちゃん！

―（絵）を（絵）にして前に出しながら

（絵）彦星さ～ん

（絵）（絵）会えてよかったね～！！

● こうして、７月７日は、「２人が無事に会えますように。
みんなの願いも叶いますように」と願って、
星祭りのお祝いをするようになりました。
今年も無事に会えるといいですね。みんなも、
短冊に願いを書いて、ササの葉に飾りましょうね。

―（絵）（絵）を近づけ、（絵）（絵）を持って、『たなばたさま』を歌う

七夕っていつから行なわれているの？

七夕は織り姫（織女星）と彦星（牽牛星）が年に一度会える7月7日の星祭りですが、中国から伝来した「きこうでん」という風習と日本の「たなばたつめ」の信仰が合わさり、奈良時代から宮中では行なわれていたようです。やがて、江戸時代になってからは庶民の間でも行なわれるようになりました。五色の短冊に文字や絵を描いて、ササの葉に飾り付けて、書道や裁縫の上達を願ったそうです。

10～15分

指人形シアター

プールであそぼ！

案・製作／藤本ともひこ

使うもの ▶ 作り方＆型紙 P.116

プール

カッパくん

サカナくん

カエルくん

人魚

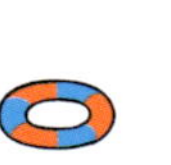

浮き輪

水しぶき

はじまりのことば

ー（プール）を出して

● もうすぐみんなが待ちに待ったプールが始まるよ！　うれしいね。
今日は、プール遊びのお話をするよ！　はじまり、はじまり～。

1

ー（カッパくん・サカナくん・カエルくん）を左手にはめ、浮いているように上下に揺らす

● カッパくんたちが、プールに入って遊んでいますよ。

2

ー（サカナくん・カエルくん）を上下に動かしながら、（水しぶき）を右手に持ち、「バチャン！」（カッパくん）の前で弧を描くように動かす

（サカナくん）スイスイ～、楽しいな～。
バチャバチャ、バチャン！

3

（カッパくん）うわあ、え～ん、え～ん。

（カエルくん）どうしたの？　カッパくん。

（カッパくん）顔に水が掛かっちゃったよ～！

（サカナくん）ごめんね、顔に水が掛かるのいやなんだね。

（カッパくん）うん…、でもぼくもみんなみたいに
スイスイ泳ぎたいよう。

（サカナくん）そっか。でも、水に顔をつけたくないんだもんね。
困ったなあ。

（カエルくん）そうだ！　ぼくたちの上に乗りなよ！
そうしたら、スイスイ泳げるよ！

4

カッパくんは、２匹の上に
乗せてもらうことにしました。

ーを人差し指に、を中指に
差し替えながら

ありがとう！　よいっしょ…

POINT

サカナくんとカエルくんを深く差し、カッパくんを付けた中指を少し後ろに引いて演じましょう。

ー３匹を左右に動かしながら

スイスイ～。わーい、わーい、
楽しいな～！

5

ー徐々に上下に大きく動かしながら

うー、ぶくぶく

わあ！
カッパくん、あんまり動かないで～！

もっと、もっと～！！

わぁ！

ー３匹を一度隠し、
再び舞台上に出す

え～ん、え～～ん！

困ったなあ。どうしたらいいのさ。

つづく

6

そこに、人魚がやって来ました。

ー を付けた を出し、
に立てながら

あらあら。この浮き輪を
使ってみたらどうかしら。
あたし、もう泳げるように
なったから、あげるわよ！

ー を に付けながら

やったぁ、浮き輪だ！　ありがとう！

いえいえ、どういたしまして。それじゃあね〜。

ー を動かしてしまう

7

8

ー3匹を上下に動かしながら

プカプカ、楽しい〜！

よかったね〜！

ーを出して動かしながら

わ〜い、わ〜い！
バッシャ〜ン、バッシャ〜〜ン！

きゃは！　冷た〜い！　楽しい！
気持ち良いね〜。

おやおや？　カッパくん、顔に水しぶきが掛かっても、へっちゃらになっていますね。
こうして3匹は仲良くプール遊びをして遊びました。

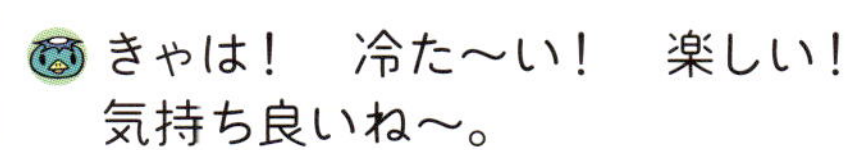

9

プールってとっても楽しいよね。
みんなの中にも、実は水が顔に掛かるのはいやっていう友達もいるよね。
どうすれば一緒に楽しくプールで遊べるのかな？
また先生に教えてね！

おしまい

アレンジ

プールでの約束（体操してから入る、プールの周りは走らない　など）を3匹が伝えるストーリーにしても良いでしょう。

海の日ってどんな日？

「海の恩恵に感謝し、海洋国家日本の繁栄を願う」として1999（平成7）年に制定されました。日本は周りを海に囲まれて、たくさんの海の恵みを受けています。7月20日は、船に乗って東北や北海道を視察された明治天皇が、無事に港に戻られた日となっているので、この日が海の日として制定されました。現在では、7月の第3月曜日となっています。

夏祭り　10～15分

封筒シアター

ヨーヨー釣りだ！お祭りだ！

案・製作／kit-chen（小沢かづと、iku、鈴木翼）

使うもの ▶ 作り方＆型紙 P.117

舞台　釣り竿　ヨーヨー　タコ　パイナップル　靴下　UFO　宇宙人

はじまりのことば

● いよいよ今日は、みんなが楽しみに待っていたお祭りの日だね。
実は、先生もとっても楽しみにしていました。今日は一緒に楽しみましょうね！

1

● さてさて、みんなは、
お祭りにあるお店で
何か好きなものある？

―子どもたちの反応を受けて

● そうなんだね。先生は…

―全ての釣り物を中に入れた舞台を出し、釣り竿を持ちながら

● ヨーヨー釣りがだーーい好きなの！
今年は幾つヨーヨーが釣れるかなあ？
早速やってみましょう！

2

● さぁ、まずは…これ！

―ヨーヨーを釣り上げながら

● よっよっよーっと！

● やりました！
1つ目はかわいい
ヨーヨーが
釣れましたよ！

―ヨーヨーをしまう

3

● 次は…、この赤いヨーヨーを釣ってみましょう。
ー タコ を釣り上げながら

● よっよっよーっと！

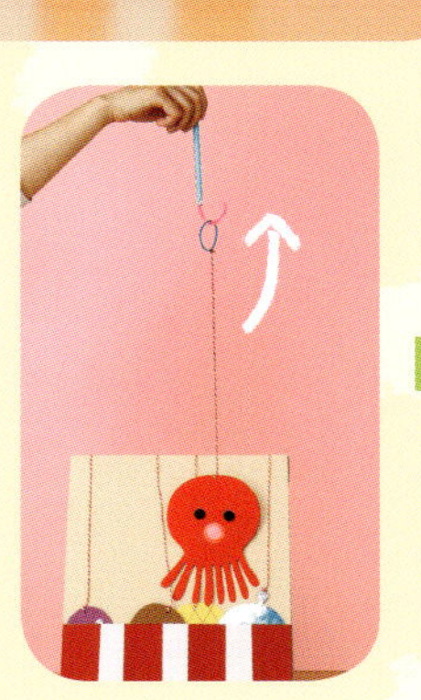

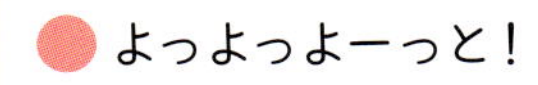

POINT
何が出てくるのか、絵人形をじわじわと見せ、子どもたちとやり取りしながら演じてみましょう。

● えー！？　なんでタコが釣れたの？
びっくりだね！
あとで、海に返しに行こうね！
ー タコ をしまう

4

● 3つ目は…、
この黄色いのにしようかな。
ー パイナップル を釣り上げながら
● よっよっよっ…。うーん、
これは重たいヨーヨーだ。
よっよっよーっと！

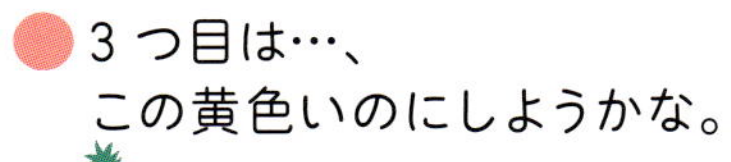

● うわっ！　パイナップルだー！
一人じゃ食べ切れないので、
あとでみんなで食べようね！
ー パイナップル をしまう

つづく

5

●まだまだ釣りますよ〜。次は、この茶色いのを釣ってみるよ。

―を釣り上げながら

●よっよっよーっと！

●く、く、靴下！？ 誰かの落し物かな？　あっ！ 先生のだった…！

―をしまう

6

●さて、気を取り直して。おっ！ これはピカピカ光っているね。どんなヨーヨーか楽しみだね。

―を釣り上げながら

●よっよっよーっと！

●これは！　もしかして… UFO！？　とてもすごい物を釣り上げちゃった…。いったい誰が乗ってきたんだろう…

―を横に置く

7

●とうとう最後の一つになってしまったね。さっ！　釣りますよー！

―を上げながら

●よっよっよーっと！

●おっと…！ なんと、宇宙人だ！！

8

―UFOと宇宙人を持ちながら、片言で

ワタシハ、ウチュウジンダ。ワタシガ、オトシタ、ユーフォー、ミツケテクレテ、アリガトウ。ソレデハ、サヨウナラ。

―UFOと宇宙人を重ねて、飛んで行くように動かしてしまう

9

宇宙人さん喜んでくれてよかったよかった。
今年のヨーヨー釣りは
変わった物ばかり釣れて不思議だったねー。
さぁ、まだまだ
夏のお祭りを楽しみますよ〜。

アレンジ

裏を黒く塗って、シルエットクイズにしてもおもしろいですね。

縁日ってなあに？

神様や仏様の誕生など、特別に「縁」がある日として、お祭りや供養が行なわれる日のことです。この日にお参りをすると、特別に大きな幸せがやってくると言われているため、大勢の人たちがやってきます。そのお参りの人々を目当てに様々なお店が参道に並んで商売を始めたのが、縁日のルーツとなっています。今でも、神社やお寺では、初詣の日をはじめ大きな祭礼の日には多くのお店で賑わう様子がありますね。

十五夜　15～20分

紙皿シアター

楽しみお月見♪

案・製作／浦中こういち

使うもの ▶ 作り方＆型紙 P.118～120

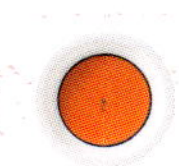

お団子①　お団子②　クリ①　クリ②　カキ①　カキ②　カキ③

キツネ①　キツネ②　キツネ③　月①　月②　月③　スタンド×4

それぞれの絵柄を①から順に、切り込みが合わさるように重ねる（後ろに貼った物は折り畳む）

はじまりのことば

● 今年もお月見の季節がやってきましたよ。十五夜にはお月様を見ながら、秋においしい野菜や果物、お米がとれたことをお祝いします。ほら、大きなお月様が出てきましたよ。

1

―『月』を歌いながら、重ねた（お団子①）（お団子②）を出す

●♪でた　でた　つきが

● あれ？　お月様ってこんなのだったっけ？

―子どもたちの反応を受けて

● じゃあ、みんなでもっとよ～く見てみよう！

―続きを歌いながら、（お団子①）を回す

●♪まるい　まるい　まんまるい～

● あ！　これはなんだろう？

―子どもの反応を受けて

● そうだね。お団子だね。なんでお団子が出てきたんだろう？

POINT

回す紙皿を、切り込みから裏に引き込み、左手で回します。右手で下の1枚をしっかりと押さえましょう（3枚のときも同様）。

2

ー（子どもの絵）を出す
（子ども）お月見をしながら、みんなで食べようと思って持ってきたんだよ！
●そっか、そっか！　ありがとうね。じゃあ、これは大切にここに置いてっと。
ー（子どもの絵）をしまい、紙皿を立てる
●よし！　次はもっと大きなまん丸が出てくるよ。

アレンジ

お供え物をサトイモやブドウなど、他の収穫物に替えても OK。子どもたちが実際に収穫した物、昼食に出た食材などを取り入れると、より身近に感じられます。

以下、クリ、カキ、キツネに替え、同様に『月』を歌いながら紙皿を回して繰り返しましょう。

3

●あれ？　なんだか茶色いお月様だね…。

●あ！　これはクリだね

（子ども）おうちの山でクリがたくさんとれたんだ！お祝いのお供え物にしようと思って持って来たんだよ！

4

●あれ？　今度は色がちょっと違うね…。

ーを回す
●ん？　これはなんだろう。もうちょっと見てみようか。

ー（カキの絵）を回す
●あ！！　これはカキだね！

（子ども）おいしそうなカキがたくさんとれたから、これもお供え物にしたいなあ！

つづく

5

●なかなかお月様出て来ないね。
お月様ってどんなのだっけ？

ー　を動かしながら

●おお！　これは丸くて、
黄色くて、大きいね！
あれ？　なんだか
モゾモゾしてきたよ。

ー　を回す

コーンコーン

●あれれ？
なんだか変な月だなあ。

ー　を回しながら

ドローン！　えへへ、びっくりした？
ごめんね。お月見に忘れちゃいけない物を
持ってきたよ！　ほら、ススキ！
ぼくの住んでいる山にたくさんあったんだ！
これも飾ってお祝いしよう！

6

●今日は十五夜なのに、なかなか、
本物のお月様が出てこないね。

ー　を出す

●ん？　これは何だろう？

7

ー歌いながら　を回す

●♪でた　でた　つきが
うわ！　ちょっとちょっと！　もしかして、
この大きなのってお月様じゃない？
もっと歌ってみようよ！

8

ー続きを歌いながら、「つきが」のときにを回しにする

♪まるい　まるい　まんまるい
ぼんのような　つきが
わぁ！　やった〜！
お月様が出たよ！
みんなおいでおいで〜！

ーを出す

9

♪ 月　作詞・作曲／文部省唱歌

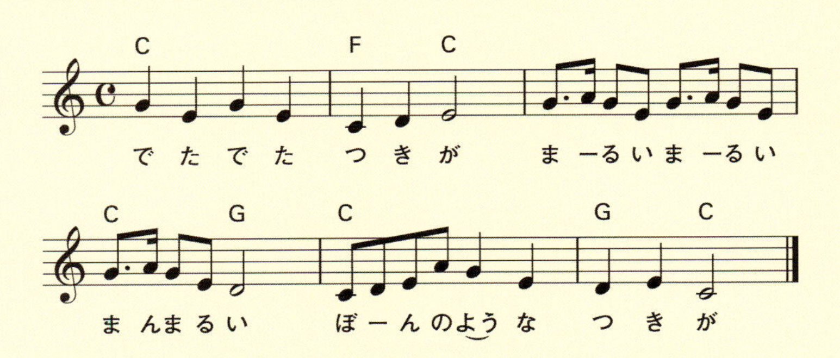

「芋名月（いもめいげつ）」ってなあに？

お月見は旧暦の8月15日（現代の9月中旬〜10月上旬：年によって日にちが異なります）の十五夜の満月の日（中秋）にお月様を見ることです。この時の満月が、1年で一番美しいと言われています。十五夜は、元々農作物の収穫を祝うという意味があったので、収穫したばかりの里芋をお供えして月を愛でたことから、「芋名月」と呼ばれるようになったようです。里芋は稲より早く日本に入ってきた野菜だと言われています。

防災の日（9月1日）・避難訓練　10分

うちわシアター

もしもね…

案／松家まきこ・製作／大塚亮子

使うもの ▶ 作り方 & 型紙 P.121 ～ 122

     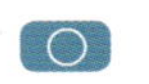

○　×　火事　防災頭巾　地震　隠れる

あわてない　よくきいて　はしらない　いっしょに

はじまりのことば

さぁみんな、今日はとっても大切なお話をします。それはもしものお話です。

1

もしも突然、空からドーナツがいっぱい降ってきたらどうする？ みんなで一緒に食べられるからうれしいね。

2

でも、もしも、うれしくないびっくりなことが起きたらどうしたらいいのかな？

―（火事）を右手に持つ

例えば、「火事」。もしも火事が起きたら、お水をかける？　そうね。でも、それは、消防士さんにお任せして、みんなは早く逃げなくちゃ！

POINT
真剣な表情・口調で伝え、めりはりをつけましょう。

3

―子どもたちの反応を待ち、問題に合わせて左手で ○× を出す

でも、一人で逃げるのは？ ○、× どっちかな？　…×。

先生と一緒に逃げるのが…、○ね。

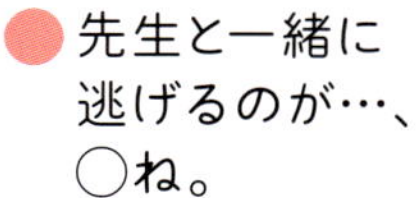

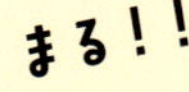

―（火事）を裏返し（防災頭巾）にする

防災頭巾をかぶるのは？　…○。

では、防災頭巾を取りに火事の部屋に戻るのは？ そうね、火の場所に近づくのは × よね。

4

―右手を（家のうちわ）に持ち替える

● では、次の問題です。
もしも、「地震」が起きたら、
やっぱり急いで逃げる？
そうね、どこに逃げても
地面が揺れてるから、慌てて
動かない方がいいよね。

―子どもたちの反応を待ち、✕を出す

● だから、地震のときに
慌てて逃げるのは？　…✕。
その場で座って
地震が収まるのを待とうね。

―右手を（防災頭巾のうちわ）に持ち替え、子どもたちの反応を待って○を出す

● 防災頭巾があればかぶるのも…○。
それから、地震が収まったら、先生の話をよく
聞いて、先生と一緒に安全な場所に避難しようね。

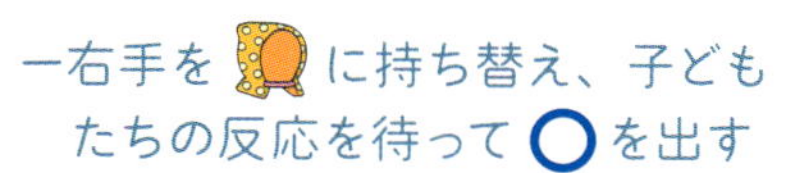

―（家のうちわ）を裏返し（机の下のうちわ）にし、子どもたちの反応を待って○を出す

● あとは、上から物が落ちて
きたりするかもしれない
から、頭を守るために、
机の下に入るのも…○。

POINT
頭を両手で守り、体を低くして
丸める姿勢を伝えましょう。

5

● さあ、もしも火事や地震が起きたら、きっとドキドキするけれど

―両手を **あわてない** **はしらない** に持ち替える

●「あわてないで」「はしらないで」

― **あわてない** を **よくきいて** に裏返し、
はしらない を **いっしょに** に裏返す

●「先生の話をよく聞いて」「みんなで一緒に」逃げようね。

アレンジ
うちわを使わずに、
ペープサートでも！

防災の日の成り立ち

1923（大正12）年9月1日、午前11時58分、マグニチュード7.9の巨大地震：関東大震災が発生し、10万人を超える人々が死亡・行方不明になりました。お昼ご飯の準備で一斉に火を使っていた時間に起こったため、火災で犠牲者が増えたともいわれています。その日の教訓を生かして、災害に備える日として1960（昭和35）年に制定されました。地震や火事への備えはもちろん、この時季が台風のシーズンでもあるので、各地で様々な防災訓練が行なわれています。

イモ掘り　15分

指人形シアター

おいもくんのえんそく

案・製作／藤本ともひこ

使うもの ▶ 作り方＆型紙 P.123

はじまりのことば

● 秋になり、イモ掘りの季節がやってきました。どうして秋なのかって？ それは、サツマイモは土の中で、春から夏そして秋になるまで、ゆっ～くり育つからです。育つって、大きくなるっていうこと。みんなと同じです。さあ、今日はバスに乗って遠足にいきますよ。

1

— バスを持ち、揺らしながら『いもほりえんそく』（1番）を歌う

● ♪きょうはえんそく　へいへいへいへい　いもほりえんそく
ほいほいほいほい　みんないっしょに　へいへいへいへい
たのしいいもほり　へい！

2

— 土を出し、イモづるを隠しておく

— イモの指人形×3を指にはめる

● 到着～！　みんなでおいもを掘ろう！

—『いもほりえんそく』（2番）を歌いながらイモづるを引っ張る

● ♪きょうはえんそく　へいへいへいへい　ほってほって
ほいほいほいほい　でてきたでてきた　へいへいへいへい
いもづるひっぱれ　へい！

3

● ぼくたちも一緒に行っていい？

● もちろん！　行こう行こう！

4

―（イモ）×3、（つる）を（バス）にセットし、『いもほりえんそく』（1番）を歌いながら動かす

（イモ）♪きょうはえんそく　へいへいへいへい〜

POINT

子どもたちと一緒に歌うと盛り上がります。

5

（イモ）またまた到着〜！
またまたみんなでおイモを掘ろう！

―（イモ）×3を指にはめ、『いもほりえんそく』（2番）を歌いながら（飛行機）を引っ張る

（イモ）♪きょうもえんそく　へいへいへいへい〜
すっぽ〜〜〜ん！！
今度はこの飛行機に乗って出発だ〜！

すっぽ〜〜ん！

6

―（飛行機）に（イモ）×3、（つる）をセットして、『いもほりえんそく』（1番）を歌いながら動かす

（イモ）♪きょうはえんそく　へいへいへいへい〜
びゅ〜〜〜ん！！

（保育者）ばいば〜い！　おイモさんたち、次はどこに向かったのかな？

アレンジ

イモを他の野菜や果物に変えたり、飛行機を新幹線やロケットに変えたりしてもおもしろいでしょう。

どうしてイモを食べるとおならが出るの？

イモ（この場合はサツマイモを例にします）の成分である炭水化物が腸の中で分解されるときに、二酸化炭素やメタンガスが発生します。また、イモには食物繊維が多く含まれています。この食物繊維は口から入ると消化されずにうんちとなります。これが腸の壁を通るときに刺激となって、腸の活動が活発になりガスが多く発生し、おならになるのです。

ハロウィン（10月31日） 5〜10分

ペープサート

くいしんぼうないたずらおばけがやってきた！

案・製作／kit-chen（小沢かづと、iku、鈴木翼）

使うもの ▶ 作り方＆型紙 P.124

はじまりのことば

「トリックオアトリート」っていう言葉、知ってるかな？　10月31日、ハロウィンの日の合言葉で、「お菓子をくれないといたずらするぞ〜」っていう意味なんだよ。さぁ今から、この合言葉が出てくるハロウィンのお話を始めますよ。

1

ある町に、くいしんぼうのいたずらおばけがやって来ましたよ。おばけは、お菓子をくれるおうちを探しています。

―（おばけ）を左手に持ち、右往左往させてお菓子を探すしぐさをしながら

（おばけ）今日はハロウィンの日だ〜！　どこかにお菓子はないかな〜？　トリックオアトリート！　お菓子をくれないといたずらするぞ〜！

―（おばけ）を立てる

2

―（子ども）を右手に持つ

その様子をこっそりと見ていた町の子どもは困ってしまいました。自分のお菓子を食べられてしまうのは嫌だし、もちろん、おばけにいたずらされるのも嫌です。

（子ども）うーん、困ったなあ…

3

―（子ども裏）に裏返す

（子ども）そうだ！　おばけにあげるお菓子を作ればいいんだ！

―（子ども裏）に（お菓子）を貼る

（子ども）よーし！　クッキーができたぞ！　キャンディーもいっぱい作っちゃおう！　…よし！　これでおばけが来てもへっちゃらだ！

4

● そのとき、おばけが子どものおうちにやって来ました。

― を持ち、 と近づける

コンコンコン、トリックオアトリート！
お菓子をくれないといたずらするぞ～！

このお菓子を全部あげるから、いたずらしないで～！

― を立てる

5

え～ほんとに？　やった～～！
そのキャンディーもクッキーも
全部くれるの～？

― に裏返して立て、
を貼りながら

これも、これも、これも、
これもあげるよ！

POINT

お菓子を一つずつ、子どもからおばけに貼るやり取りを十分に楽しめるようにしましょう。

6

― を持つ

わ～い！　やったぁ、
ありがとう～！！バイバ～イ！

― を動かしながらしまう

● おばけはたくさんお菓子をもらったので、喜んでおばけの世界に帰っていきました。

7

● それからというものハロウィンの日には、
子どもたちはおばけの格好をして、町の人たちに
お菓子をもらいに行くようになったんだって。

― に を重ねて持つ

トリックオアトリート！　お菓子をくれないといたずらするぞ～！
トリックオアトリート！！

アレンジ

おばけの仮装のイラストを変えたり、おばけの仮装の後ろにいる人を動物にして当てっこ遊びをしたりしてもおもしろいですね。

なぜ、ハロウィンは10月31日なの？

ハロウィンは元々、ヨーロッパ大陸から今のイギリスの辺りに住んでいた人々が秋の収穫を祝うお祭りでした。この人々の1年は10月31日で終わるとされていて、夏が終わり、冬がやってくると死者の霊や魔女たちがやってきて悪さをすると信じられていました。そのために魔除けの火を焚いて追い払ったそうです。

ハロウィン（10月31日） 5～10分

クリアフォルダーシアター

へんしん！へんしん！ハロウィン！

案・製作／kit-chen（小沢かづと、iku、鈴木翼）

使うもの ▶ 作り方＆型紙 P.125～127

おばけファイル
①～⑥の順に入れておく
① ウサギ
② クマ
③ ネコ
④ 男の子
⑤ 女の子
⑥ おばけ

はじまりのことば

今日はハロウィン。おばけに変身してお菓子をもらうんだけど、なんでおばけの格好をするか知っているかな？

1

ハロウィンの日、海外では死んだ人がよみがえってくると言われているんだって。
だから、子どもたちはおばけの格好をして、おばけの仲間だと思わせて、自分たちの身を守っているんだよ。
さあさあ、
今日は誰がおばけに変身しているのかな？

2

―（一番前に ）を出しながら

おやおや、
真っ黒なおばけが
やってきたよ。
なんだか怖いなあ…。

お菓子をくれないといたずらしちゃうぞピョン！

3

ええ！　誰だろう？
よく見ると…
耳がながーいおばけだね。

ー『ハロハロウィン』を歌う

♪へんしん　へんしん
だれがへんしん？
へんしんへんしん
ハロハロウィン

POINT

出すときに焦らしたり、少しずつ出したりして、ドキドキ感を演出して、盛り上げましょう。

4

ー を前に出しながら

変身していたのは？
…なんと、ウサギさんでした！
次は、誰がやって来るのかな？

以下、　　　　で同様に繰り返しましょう。

5

お菓子をくれないといたずらしちゃうよ～（ゆったりと）

よく見ると…丸いお耳に茶色いお口、誰だろう？

クマさんでした！

6

お菓子をくれないといたずらしちゃうニャ～

よく見ると…おや？
とんがりお耳に、しっぽも見えるね、誰だろう？

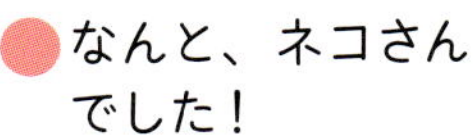

なんと、ネコさんでした！

つづく

7

お菓子をくれないと
いたずらしちゃうぞ！

おやおや？
今度は誰だろう？
これは難しいぞ、
う〜ん…

わあ！
笑顔がすてきな
男の子だね。

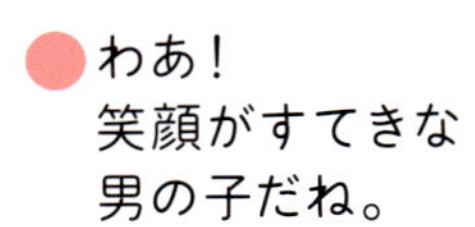

8

お菓子をくれないと
いたずらしちゃうわよ！

かわいい声だね、
よく見ると…ピンクの
リボンが見えてるね、
誰だろう？

変身していたのは、
おしゃれな女の子
でした！

9

―（一番前に を出しながら

お菓子をくれないといたずらするぞ〜

さあ、いよいよ最後です。かわいい目だね。
動物さんかな？　誰だろう？

―『ハロハロウィン』を歌う

♪へんしん　へんしん〜

10

―子どもたちの反応を受けて、（おばけ）を前に出しながら

隠れていたのは？　ベロベロバ〜〜〜〜！！
なんと、本物のおばけでした！！
みんな逃げて、逃げて！

―逃げたり、隠れたりして慌てるふりをする
―途中で（おばけ）をファイルにしまい、裏返す

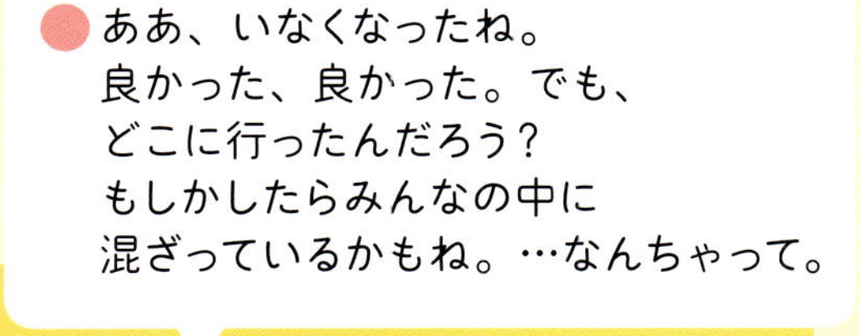

おしまい

変身しているものや、おばけの形を変えてみましょう。

♪ハロハロウィン　作詞・作曲／鈴木翼

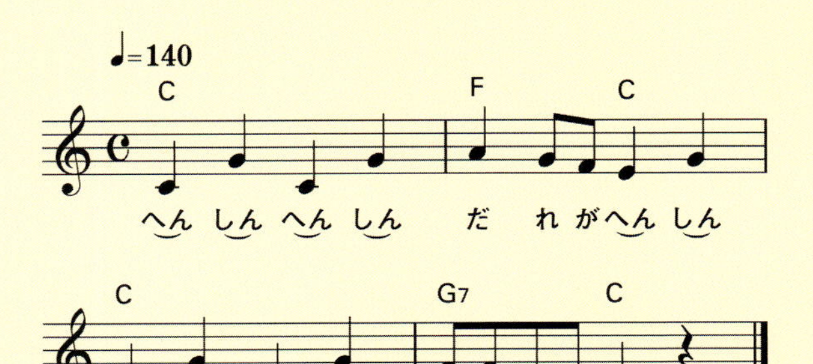

どうしてハロウィンにカボチャを使うの？

食用でない大きなカボチャで作られたランタン（ジャック・オー・ランタン）は、アメリカに渡ってから生まれたようです。元々はルバタカという大きなカブの一種が材料だったようで、スコットランドでは今でもカブで作られています。お葬式のときに、門に焚かれる火のような役割で、ジャックという男がこのランタンを持って死後の世界とこの世の世界を行き来しているとの伝説があります。

七五三　10分

指人形シアター

げんきレンジャー753(しちごさん)!

案・製作／藤本ともひこ

使うもの ▶ 作り方＆型紙P.128

ななちゃん

ごうくん

さんちゃん

ゾンビちゃん

ドクロマン

ビッグモンスター

はじまりのことば

● 女の子は３歳と７歳に、男の子は５歳になったら、七五三のお祝いをするんだよ。おやおや、ネコの３兄妹がおめかししてやって来ましたよ。

1

ー（ななちゃん・ごうくん・さんちゃん）を順に付けながら

（ななちゃん）私は７歳のななちゃん。私の弟妹を紹介するわね。５歳のごうくんと３歳のさんちゃんよ。今日は、七五三のお祝いの日だよ。

（ごうくん）元気に大きくなりましたってお祝いするんだよね。みんなで一緒に歌おうよ！

ー『げんきレンジャー 753！』を歌う

（3人）♪おおきくなったよ　しち　げんきいっぱい　ごー
いつもかわいい　さん　げんきレンジャー　しちごさん！〜

2

● そこに、ゾンビちゃんが現れました。

ー（ゾンビちゃん）を付けて出す

（ゾンビちゃん）ケッケッケ！　なんだって？　“いつもかわいい”だって？　なにさ、あたしのほうが、かわいいもん！

（ゾンビちゃん）あんたたちを、かわいくなくしてやるー！ドロドロドロ〜！

● ゾンビちゃんが悪い気を吐いています！

POINT
実況中継のようにナレーションをして盛り上げましょう。

3

（ななちゃん）ごうくん！　さんちゃん！
私たちのパワーで跳ね返すわよ！

（3人）げんきレンジャー７５３！　ピカピカピカ〜！

（ゾンビちゃん）え〜ん、えーん、やられた〜！

● ３人は見事に、怪人ゾンビの悪い気を跳ね返しました。

ー『げんきレンジャー 753！』を歌う

4

そこに怪人ドクロマンが現れました。

ー を小指に付け替え、 を付ける

あ～あ、ゾンビちゃんが泣いちゃったじゃないか。
なにが"げんきいっぱい"だ。元気をなくす光線を浴びてしまえ～！
ふにゃふにゃぴか～！

ー を揺らす

ドクロマンが元気をなくす光線を出しています！

5

みんなのパワーで、はじき返すわよ！

げんきレンジャー753！
ピカピカピカー！

ふにゃ～！　だめだ～～～。

3人はドクロマンの光線をはじき返すことができました。

ー『げんきレンジャー753！』を歌う

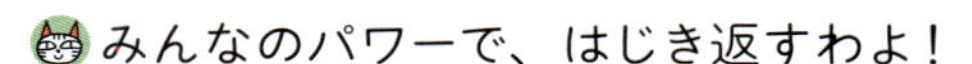

6

今度は、ビッグモンスターがやって来ました！

ー を出しながら

ドスン、ドスン…！
あら～"おおきくなった"って言っていたけど、あたしの方が大きくなったわよー！
どうよー！

ほんと、大きいね！

すごいね。大きくてかっこいい！

え？　そうかしら。うふふ。

おや？　ビッグモンスターは褒められてまんざらでもなさそうですね。

7

すごく大きいよ。あなた何歳？

7歳よ。

なんだ！　私と同じじゃない！

ぼくは5歳だよ。

あたしは3歳！

あら、そうだったの？
それなら一緒に七五三のお祝いをしましょうよ！

いいのかい？

もちろん！
みんなで一緒に歌ってお祝いだ！

ー『げんきレンジャー753！』を歌う

♪げんきレンジャー753！　作詞・作曲／藤本ともひこ

七五三のいわれは？

3歳で髪の毛を伸ばし、男女共にお祝いする「髪置きの儀」。5歳で盛装して袴を着ける男児のお祝い「袴着」。7歳で大人と同じ丸帯を付ける女児のお祝い「帯解きの儀」…古くは平安時代から続く儀式です。千歳飴は「長生きできるように」との願いを込めて今日も七五三に欠かせない飴ですが、江戸時代に飴屋が考えたとの説があります。

勤労感謝の日（11月23日）

15～20分

スケッチブックシアター

おしごとなーんだ？

案・製作／浦中こういち

はじまりのことば

● みんなは大きくなったら、どんなお仕事がしたいかな？

1

ースケッチブックを動かしながら『おしごとなーんだ？』を歌う

● ♪おしごとなーんだ
いろんなおしごと
どーんなおしごと
あるのかな

2

ー1枚めくって（バスの影）にする

（バスの影）ブッブッブー。

● あれあれ？
何かやってきたよ。
何かな？　何かな？

なんだろう？

3

●あれあれ？　声がするよ。
ちょっとのぞいてみよう。
ー の先頭部分を１枚ゆっくりとめくって、子どもに尋ねる
●あれ？　見えてきたね。何だろうね？
ー中央部分、後ろ部分も1枚ずつめくる

POINT

どこからめくってもＯＫです。「どこがいい？　ここにする？」など、子どもたちとのやり取りを楽しむのも良いですね。

4

●あ！　これはバスだね。
バスのお仕事って何を知ってるかな？
ー子どもたちの答えを聞く
●うんうん。そうだね。
バスの運転士さんに聞いてみよう！

ーめくって を縦に持つ
みなさん、こんにちは。私はバスの運転士よ。
バス停で待っているお客さんを、行きたい所に連れて行くのよ。はい！　次、止まりま〜す！
じゃあ、みなさん、私はお仕事中だからもう行くね！
●さようなら〜。次はどんなお仕事をしている人が登場するのかな？
ー横に持ち、１枚めくる

つづく

以下、同様にダンプカー、消防車、パン屋、ケーキ屋を
登場させていきましょう。

ザザーッ

やぁ！　こんにちは！
みなさん、僕はダンプカーの運転士。
道を作るために土や石を運んでいるよ。
大きなビルを建てるときも大活躍しちゃうよ！
さあ、仕事仕事！　ではまたね〜！

ウーウーウー

やぁ！　こんにちは！
みなさん、僕は警察官。
みんなの住む町を守るため
パトロールをしているよ。
困ったことがあったら僕に知らせてね。
さぁ、今日もみんなの平和と安全を
守るため、パトロールに行ってきます！

あれあれ？　今度はさっきと違うみたい、
何かな？　何かな？

のばしてこねて、のばしてこねて…

焼きたてのパンができましたよ〜！
あら、パン屋さんへようこそ。
みんなが喜んでくれるパンを作ることがお仕事だよ。
朝はと〜っても早起きして作るんだよ。
おっと大変、こんな時間だ！
まだまだ焼かないと…！
みんな、また来てね！

8

あれあれ？
今度もさっきと同じパン屋さん？

イチゴを切って…生クリームもいるよ。

こんにちは、ケーキ屋さんへようこそ！
ケーキを作る私たちは、
パティシェっていうんだよ。
おいしいケーキやクッキーを作っているよ。
今日はお誕生ケーキを作ったよ
誕生日の友達はいるかな？

9

いっぱいいろんなお仕事があるね。
明日（11月23日）は、一生懸命お仕事を
してくれている人にお礼の気持ちを伝える日です。
みんなのために働いている人に会ったら、
「いつもありがとう」と伝えましょうね。

アレンジ

いろいろな職業に変えて
演じてみましょう。

はーい！！

おしまい

勤労感謝の日はなぜ11月23日なの？

元々は新嘗祭（にいなめさい）といって、大昔から天皇がその年にできた穀物を宮中の神殿に供えるという、秋の大切な儀式でした。やがて、お供えするのが、穀物から、全ての収穫物を祝う儀式へと変化していきました。さらに、それが今日では、農業だけでなく全ての職業の人々に感謝する日となり、国民の祝日となりました。

クリスマス（12月25日）　10～15分

紙コップシアター

クリスマスルーレット

案・製作／kit-chen（小沢かづと、iku、鈴木翼）

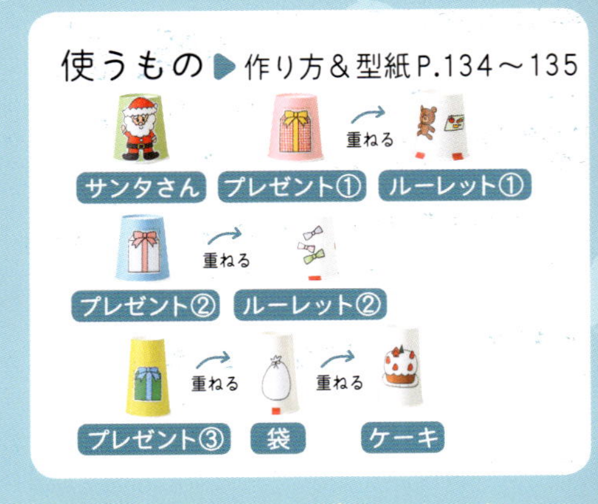

はじまりのことば

●今日はみんなが楽しみにしていたクリスマスだね！
おや、サンタさんがやって来ましたよ。

1

―　を持つ

ホッホッホー。メリークリスマス！
今日は良い子のみんなに
プレゼントを持って来たぞ！

2

―　に　を重ねて持つ

●このプレゼントの箱はルーレットに
なっていて、中身が変わる、
プレゼントルーレットという物じゃ。
さあ、何が出てくるかな？
ルーレットスタート！！

3

―　を置き、『ルーレットプレゼント』を
歌いながら　のみを回す

●♪ルーレットルーレット
まわるまわーる
ルーレットルーレット　おたのしみ

―歌い終わりで印に合わせて止める

4

―開きながら

● 最初のプレゼントは…、ジャーン！
やったあ！　○○だ！　みんな、一緒に遊ぼうよ！

―それぞれのプレゼントで子どもたちとやり取りをする

● あ～楽しかった。サンタさん、ありがとう！

POINT

出てきたプレゼントでどうやって遊ぶか声を掛け、
子どもたちと決めて、楽しみましょう。

クマの人形
人形をなでる　など

ままごとセット
ままごとをする　など

飛行機
飛行機になって飛ぶふりをする　など

ロボット
ロボットダンスをする　など

5

― （サンタ）を持つ

（サンタ）ホッホッホー。楽しんでくれたようじゃな。
プレゼントはまだまだあるぞ～。
さあ今度のプレゼントルーレットは、
ハズレが入っているから要注意じゃぞ。

― （ルーレット）に（プレゼント）を重ねて持つ

（サンタ）さあ、何が当たるかな？　ルーレットスタート！

6

― （サンタ）を置き、『ルーレットプレゼント』を歌いながら回す

● ♪ルーレットルーレット～

―歌い終わりで印に合わせて止める

つづく

7

―開きながら

● 今度のプレゼントは… わぁ、〇〇だ！

―それぞれのプレゼントで
子どもたちとやり取りをする

リボン
リボンを結んで付けてあげるふりをする　など

クルマ
ハンドルを持ってドライブして遊ぶ　など

ヘビ
驚かされて隠れる　など

8

― を持つ

それじゃあ、次が最後の
プレゼントじゃ。
最後はなかなか当たらないぞ。

― に 、 を重ねて持つ

ジャーン！　こんなに大きいぞ！
さあ、始めよう。
ルーレットスタート！！

9

― を置き、
『ルーレットプレゼント』を
歌いながら回す

● ♪ルーレットルーレット～

―歌い終わりに、
印ではない場所で止めて、
開くのを数回繰り返す

● あれれ、なかなか
当たらないね。
それでは、これで最後！
ルーレットスタート！！

ー『ルーレットプレゼント』を歌いながらクルクル回す

♪ルーレットルーレット～

ー歌い終わりに印が重なるように止め、開く

おや？　最後は白い袋が出てきたね。
袋を開けてみようか？
いくよー！　ジャーン!!

ー と を外し、机に置く

アレンジ

ケーキの代わりに、園にやって来るサンタさんの写真を貼って、前振りにしても良いでしょう。

ー を持ち、 を配るふりをしながら

おやおや、大きなケーキじゃ。
ほれ、みんなにあげよう。
はいはいはいはい、はいどうぞ。

ホッホッホー。
みんなクリスマスルーレット、
楽しかったかな。それでは、
また来年も来るよ～
メリークリスマス！
ホッホッホッー！

サンタさんはどこから来るの？

1957年、長老サンタクロースを補佐するために、北極に近い国グリーンランドに、グリーンランド国際サンタクロース協会が設立されました。この協会が公認するサンタクロースは現在世界で120名程度だそうで、日本人も含まれています。毎年7月、やはり北欧のデンマークで世界サンタクロース会議が開催され、自宅からサンタクロースの衣装で参加するそうです。世界中に住んでいるのは間違いないようですね。

クリスマス（12月25日）　10～15分

パネルシアター

もみの木じいさん

案／すかんぽ・製作／とりうみゆき

使うもの ▶ 作り方＆型紙 P.136～137

もみの木じいさん　目　リス×3（表・裏）　ウサギ　クマ

星×5　マツボックリ×3　ニンジン×3　リンゴ×5

はじまりのことば

● クリスマスの日、もみの木じいさんを囲んで動物たちがサプライズ！
もみの木じいさんは喜んでくれるのかな？

1

―（もみの木）に（目）を重ねて貼る

● 森の奥に年を取った
もみの木がいました。

（もみの木）今日は…クリスマスじゃが…
もう何百回目の
クリスマスかのう…グーーー。

2

● するとそこへ…リスがやって来ました。

―（リス）に（マツボックリ）を貼り重ねたもの3セットを
持つ。小さな声で

（リス）しーーー。よいしょ、よいしょ。

―（リス）（マツボックリ）×3を1セットずつ
貼りながら

（リス）もみの木じいさん寝ているか？

（リス）もみの木じいさん寝ているか？

（リス）もみの木じいさん寝ているか？

3

（リス）よーし、寝ている間に
もみの木じいさんに
これを飾っちゃおう！

―（マツボックリ）×3を（もみの木）に貼りながら

（リス）しーーー。もみの木じいさんを
起こさないように…
そーっと、そーっと…
よし！
これでいーっすリーッス！！

4

すると…

―に× 3を重ねて貼る。大きな声で

ピョンピョンピョーーーン！！

突然、ウサギがやって来ました。

5

―× 3を1枚ずつ裏返しながら、小さな声で

しーしーしーっ。
もみの木じいさん寝てるから…！

6

―を動かしながら、大きな声で

えっ！　そうなの？
ピョーーーン！！

だーかーら…！
もみの木じいさん
起きちゃうから！

POINT

ウサギが大きい声で話し、リスが慌てるやり取りを繰り返すと盛り上がるでしょう。

7

―× 3を
に貼りながら

じゃあ、今のうちに
飾るね！　わー！
ニンジン似合うな～！

グフッ。

8

―× 3とを
から離す

わーーーー！！！

…グーーー。

つづく

9 あぁよかった

—裏返した（リス）×3と（ウサギ）を近づけて貼りながら

（リス）あーよかった。起きなくて…。

POINT

「もみの木じいさん寝てるかな？」など、子どもたちに聞きながら進めると、ドキドキ感が高まります。

10 おーーーーーい

●すると、クマがやって来ました。

—（クマ）に（リンゴ）×5を重ねて貼る。ゆっくりと

（クマ）おーーーーい。みんなーーーーー…。このリンゴ、すごーーくおいしいんだーー。

（リス）じゃあ、もみの木じいさんに飾ってあげるのはどう？

（クマ）そうだねーー。じゃあ、飾るよーーー。

—（リンゴ）×5を（もみの木）に貼る

（リス）なんだかもみの木じいさん、すっごくすてきになったね！

動物のキャラに合わせて、声の大きさや話す速度などを変えてめりはりをつけましょう。複数の保育者で演じるのも良いですね。

11 ファワー　ありがとう

—（目）を外す

（もみの木）ファワーーーーー…。おやおや、みんな来てたのかい？

（リス）そうだよ！　だって今日はクリスマスだもん！

（クマ）たーまーにーは、おしゃーれーも、しないとねーーー。

（もみの木）ホッホッホッ、たくさん飾りが付いてるじゃないか！こりゃうれしいねえ。ありがとう。

12

— ×5を持ち

もみの木じいさん、
ぼくたちも飾らせてくれない？

ほっほっほっ、
まさか君たちも来てくれるとは…！

— ×5を に飾る

13

メリークリスマス！！

もみの木じいさん、
キラキラしてて、
とってもすてきだよ！
メリークリスマス！！

森の奥でキラキラ輝く
もみの木じいさんと
動物たちは、すてきな
クリスマスを過ごしましたとさ。

おしまい

アレンジ　トリがやって来てリボンを飾るなど、動物や飾りを増やすとより賑やかになります。

なぜクリスマスツリーはモミの木を使うの？

クリスマスツリーは一年中、緑の葉を付ける針葉樹の、子どもの木（幼木）が主に使われています。ヨーロッパではヨーロッパモミが伝統的に使われており、日本などでは、モミの他にトドマツやエゾマツなども使われているようです。冬の間も緑色であるという強い生命力の象徴として、使われているとの説があります。クリスマスに行なわれる劇でこの時季に手に入らないリンゴの木の代用として使われることになった、ともいわれています。

お正月　15～20分

パネルシアター

十二支のおはなし

案／松家まきこ・製作／あきやまりか

はじまりのことば

ー（山）（年神様）を貼っておく

むかしむかしのそのむかし。お正月の前の日のことでした。
年神様は、とってもいいことを思い付きました。

1

（年神様）これから毎年1年ずつ、王様になる動物を決めよう！　決め方はこの通りじゃ

ー（看板）を出し、指さしながら

（年神様）「あしたのあさまでに　このやまのてっぺんに
たどりついたじゅんばんに　おうさまになれます。」
ほっほっほ、みんな頑張るがよい。
ただし、12匹までじゃぞ！

ー（年神様）（看板）を外す

2

ー（ネズミ）を貼る

さて、これを初めに聞きつけたのはネズミです。
早速みんなにも知らせようとしたそのとき…

ー（ネコ）を貼る

（ネコ）何を急いでいるのニャー。
まったくお前はせっかちだニャー！

そう言われて、ちょっとへそを曲げたネズミは、
とっさにこう言いました。

（ネズミ）ネコさん、ちょうど良かった。年神様から、
明後日の朝までに、あの山のてっぺんに着いた順に、
王様になれるというお告げが出たチュー。

3

ニャンと、それはおもしろい。でも、明後日までというのに、今からそんなに急ぐとは、やっぱりお前さんはせっかちだニャー。ハハハハハ

ー を動かしながら外す

本当は明日の朝までだったのに、ネズミは明後日までとうそをつき、フーンとすまして立ち去りました。

ー に裏返し、動かしながら外す

さて、その頃、いち早く歩き出したのはウシです。

ー を動かして貼りながら

ぼくはのんびり歩くモー。急いでなんて歩けない。だから夜から歩くモー

4

5

ー の背中に を挟みながら

おっと、これはちょうどいい！
乗せてもらえば楽チンだチュー

ネズミは、誰よりも早く歩き出したウシの背中に、こっそりと乗り込みました。
２匹は一緒に山を登っていきます。

ー を動かしながら

モーモーチューチュー、モーモーチューチュー

POINT

「モーモー」を大きく、「チューチュー」を小さく言いましょう。

6

ー を順に貼りながら

さあ、次にやってきたのは、トラとウサギです。トラは力強く「ガオガオ」と叫び、ウサギは耳を揺らしながら「ピョンピョン」と跳ね、どんどん山を登っていきます。
だから、４匹が並ぶと…

モーモーチューチューガオガオピョンピョン、モーモーチューチューガオガオピョンピョン

つづく

ー を順に貼りながら

● すると今度は、空から「ビューン」とタツが降りてきて、草むらからは「ニョロニョロ」とヘビが出てきて、どんどん山を登って行きます。だから今度は？…そう、ではみんな一緒に！

モーモーチューチューガオガオピョンピョンビューンニョロニョロ、モーモーチューチューガオガオピョンピョンビューンニョロニョロ

POINT

子どもたちと一緒に言うと盛り上がります。

ー を順に貼りながら

● そして、「ヒヒーン」と走って来たのはウマ、「メーメー」と鳴いて来たのはヒツジです。さあ、難しくなってきましたよ。みんな、大丈夫かな？では、ご一緒に！

モーモーチューチューガオガオピョンピョンビューンニョロニョロヒヒーンメーメー、モーモーチューチューガオガオピョンピョンビューンニョロニョロヒヒーンメーメー

では、ご一緒に

モーモーチューチュー…

ー を順に貼りながら

● 続いて、「キャッキャッ」と木を伝って来たのはサル、「パタパタ」と羽ばたいて来たのはトリ、「ワンワン」と鳴いて来たのはイヌ、そして、最後に「ドドドドドー」と山を駆け上がって来たのは、イノシシでした！よく見ると、これで12匹！　動物たちは一生懸命に山のてっぺん目指して走りましたよ。さあ、みんなもご一緒に！

モーモーチューチューガオガオピョンピョンビューンニョロニョロヒヒーンメーメーキャッキャッパタパタワンワンドドドドドー、モーモーチューチューガオガオピョンピョンビューンニョロニョロヒヒーンメーメーキャッキャッパタパタワンワンドドドドドー

10

●そして、次々に山のてっぺんに辿り着いたそのときです。
ー を の前に動かして貼りながら
●ネズミはウシの背中からピョンと飛び降りて、
ウシよりも前に飛び出しました！
あらあら？　順番が変わりましたよ。
ネズミったら、まったく調子がいいですね。

11

ー を貼る
みんなよく頑張ったのう。
これでちょうど 12 匹。
1 年ずつ順番に王様を務めておくれ。
●動物たちは大喜び。みんなで一緒に
新しい年の始まりをお祝いしました。

12

●あれ？　ところでみんな、
もう 1 匹、動物さんが
いたような気がするんだ
けど…覚えてる？

ー子どもたちの反応を受けて、 を見せる
●そう、ネコです！　実はネコも一生懸命に
山を登っていたのですが、一日遅れて
着いたので、王様になることはできませんでした。

13

ー に裏返して持ち、 を追い掛けるように
動かしながら
ネズミのやつ！　違う日にちを教えるとは！
許さないニャー！！
わ～～～～～
●プンプンに怒ったネコは、今もネズミを追い掛け続けて
いるようですよ。十二支のお話はこれでおしまいです。

干支（えと）ってなあに？

北
23時～1時
11月

干支は十干十二支（じっかんじゅうにし）といって元々は 60 種類あり、年月日、時間や方位を表しています。
分かりやすく伝えるために、多くは身近で親しみのある動物があてはめられていて、それぞれに意味があります。子（ね：ねずみ）は子孫繁栄、丑（うし）は誠実、午（うま）人との関わりが深い…などです。この中に1匹伝説上の生き物である辰（たつ：りゅう）が入っています。辰は古くから中国の歴史書に登場します。権力の象徴とされ、「高貴」の意味があります。

お正月　7～8分

カードシアター

お正月の年賀状

案／松家まきこ・製作／青木菜穂子

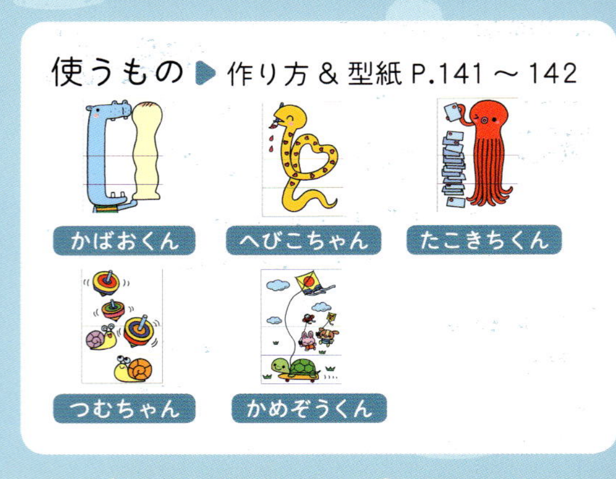

はじまりのことば

●明けましておめでとうございます。今年もどうぞよろしくお願いします。
さて、お正月、みんなはどんなことをして過ごしていましたか？

1

●お正月、たくさんのお友達から、
年賀状が届きましたよ。ちょっと紹介しますね。

―かばおくんを折り畳んで出す

●はじめは、かばおくん。

かばおくん 明けましておめでとうございます。ぼくはお餅が大好きなので…

2

―かばおくんを広げながら

かばおくん 大きな口をびよ～んと開けて、いっぱいいっぱい
お餅を食べました。今年も元気いっぱい食べます。
どうぞよろしくお願いします。

●…だって。かばおくん、大好きなお餅をいっぱい
食べられてよかったね。でも、いっぺんに
お口に入れないで、ちゃんと噛んでから食べてね。

POINT

「びよ～ん」「ジャーン」という音に合わせて
広げ、動作を大きく演じましょう。

3

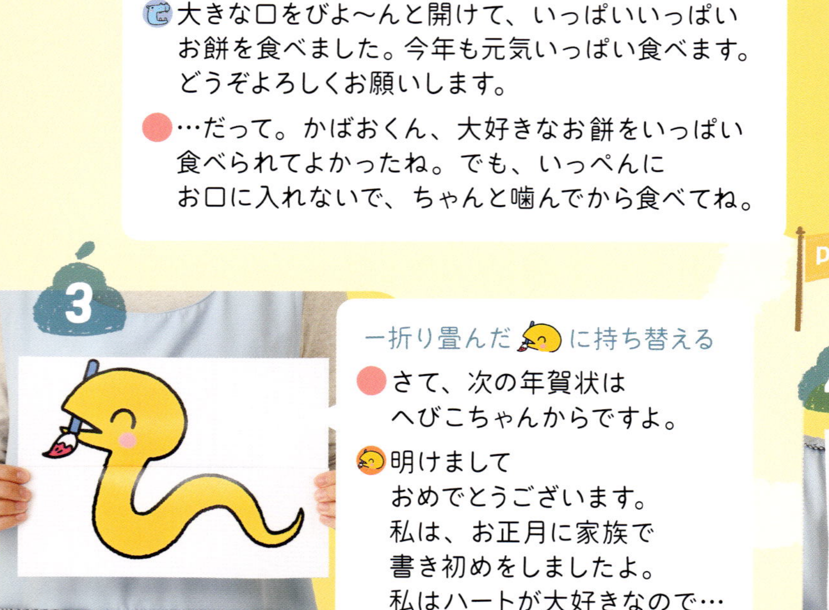

―折り畳んだへびこちゃんに持ち替える

●さて、次の年賀状は
へびこちゃんからですよ。

へびこちゃん 明けまして
おめでとうございます。
私は、お正月に家族で
書き初めをしましたよ。
私はハートが大好きなので…

4

ジャーン！

―へびこちゃんを広げながら

へびこちゃん ジャーン！
こんなにいっぱいハートを
描きました。今年もどうぞ
よろしくお願いします。

…だって。へびこちゃん、
体にも描いちゃったのね。
おもしろいね。

5

ー折り畳んだ（たこ）に持ち替える

●さて、次はたこきちくんからの年賀状。

（たこ）明けましておめでとうございます。
ぼくは今、カルタに夢中です。
いとこのたこたろうくんと
たこみちゃんと勝負をしたら、なんと…

6

ー（たこ）を広げながら

（たこ）ジャーン！
ぼくが優勝しました！
やったー！
今年もどうぞよろしく
お願いします。

●…だって、すごいね。

7

ー折り畳んだ（カタツムリ）に持ち替える

●次は、カタツムリのつむちゃん！

（カタツムリ）明けましておめでとうございます。
私はお友達のでんくんと…

ー（カタツムリ）を広げながら

●こま回しをしました～！
渦巻きぐるぐる目が回りそう～

8

ー（かめ）を出し、「たこ揚げだって！」で
下に伸ばしながら

●かめぞうくんは…、たこ揚げだって！
高くまで揚がっているね～！
みんなも一緒で楽しそう！

アレンジ

子どもたちのお正月の体験をカードなどに
描いて、伝え合うのも楽しいですね。

9

●みんなも今年も
いろいろなことに
チャレンジして、
楽しい一年にしようね。

年賀状ってなあに？

日本では、古くからお正月に近所や知人の家を回る、「年賀の挨拶」（年始回り）が行なわれていました。やがて武士の間では実際に相手を訪ねるのではなく、文書による挨拶が行なわれ、裕福な庶民にも少しずつ広まりました。明治時代に入ってからは日本にも近代的な郵便制度ができて、安く日本全国に配達してくれるはがきの制度を利用した「年賀はがき」が誕生し、年賀の挨拶の多くは年賀はがきで行なわれるようになりました。

おもちつき　7～8分

指人形シアター

ぺったらぺったん おもちつき

案／すかんぽ・製作／とりうみゆき

使うもの ▶ 作り方・型紙 P143～144

臼　もっくん　ちいすけ　きね　つっくん　きーちゃん

はじまりのことば

● ぺったらぺったん、リズムよく！　おいしいおもちがでてきるかな？

1

― きね 臼 を出しておく。左の人差し指に もっくん をはめ、上下に動かしながら

● ♪あ～　よいよい　おもちつき
となりのもっくん　やってきて
それ　ぺったらぺったん　ぺったらぺったん
ぺったらぺったん　ぺったんこ

もっくん あ～疲れた～！
そうだ！　ちいすけに交代してもらおう！

― もっくん を外す

アレンジ

子どもの名前に変えたり、「ぺったらぺったん」の速さを変えたりしてもよいでしょう。

2

― ちいすけ をはめ、同様に動かしながら

● ♪おつぎはちいすけ　やってきて
それ　ぺったらぺったん　ぺったらぺったん
ぺったらぺったん　ぺったんこ

ちいすけ ふ～。じゃあ次はつっくんに交代してもらおう！

― ちいすけ を外す

POINT

唱え言葉のようにリズムを楽しみながら進めていきましょう。「ぺったらぺったん」と子どもたちと一緒に言うと更に盛り上がります。

ぺったら
ぺったん

3

ー［つっくん］をはめ、同様に動かしながら

● ♪そしたらつっくん　やってきて
それ　ぺったらぺったん
ぺったらぺったん
ぺったらぺったん　ぺったんこ

［つっくん］ぺったらぺったん楽しいな～。そうだ！
きーちゃんにも教えてあげないと！
きーちゃーーん！

ー［つっくん］を外す

4

ー［きーちゃん］をはめ、同様に動かしながら

● ♪おやおやきーちゃん　やってきて
それ　ぺったらぺったん　ぺったらぺったん
ぺったらぺったん　ぺったんこ

［きーちゃん］おもちできたかな？
みんなを呼んでくるね！

ー面ファスナーを外して［きね］を下げ、
［きーちゃん］を中指に付け替える

ー［4人］を両手の人さし指、
中指に付け、食べているように
指を曲げながら

［4人］わぁおいしそう！
いただきま～す！

● ♪あ～　よいよい　おもちつき
こねこね　びょーん
ぱっくぱく　あ～
よいよい　おもちつき

5

♪ぺったらぺったんおもちつき　作詞・作曲／すかんぽ

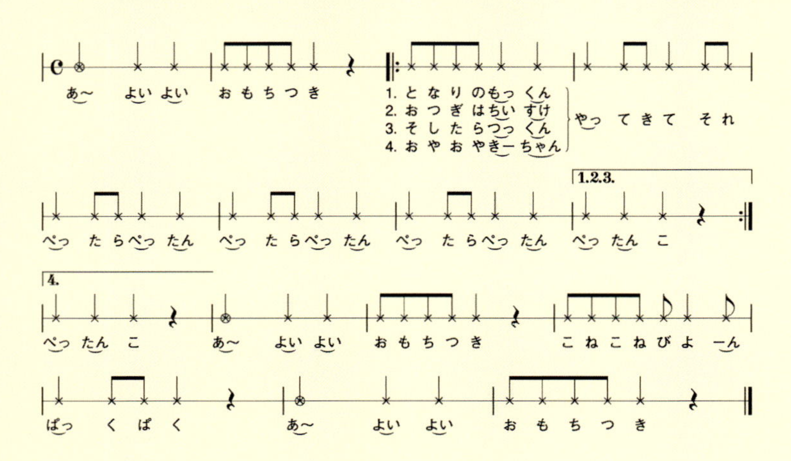

なぜおもちつきをするの？

数千年も前から日本では稲を育てお米を収穫して食べる、稲作文化が続いています。お米は特別なもので、中でも珍しい餅米を使って、誕生日や節句（季節の区切り）などの「ハレの日」（おめでたい日）にはお餅をつき神様にお供えをしたり、近所の皆さんに配ったりしました。中でも、1年中で最もおめでたい日であるお正月に神様へのお供えをするために、あるいは皆で食べてお祝いするために、お餅をつく風習が残っているのです。

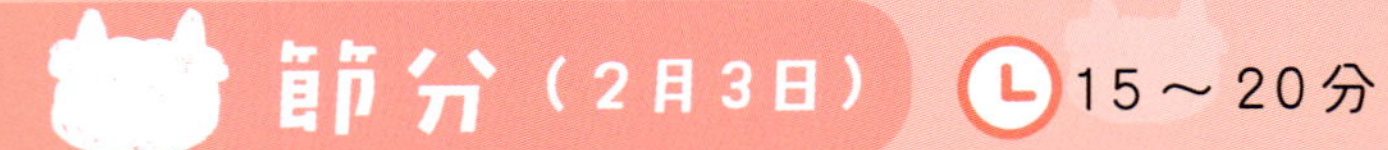

15～20分

ペープサート

鬼さんどっちだ？

案・製作／浦中こういち

使うもの ▶ 作り方＆型紙 P.145～147

草むら×2　赤鬼（表・裏）　青鬼（表・裏）　紫鬼（表・裏）　桃鬼（表・裏）
ウサギ（表・裏）　ブタ（表・裏）　サル（表・裏）　ライオン（表・裏）　豆（表・裏）

はじまりのことば

ー ×2を出しておく

● あらあら、こんな所に草むらが！
そうだ！　みんな、節分ってどんな日か知ってる？

ー子どもたちに尋ねる

1

● 節分では、みんなの所にやって来た鬼を、
「鬼は外、福は内」と豆をまいて退治するのよね。
今日はその節分の日。
たくさんの鬼さんがやって来るの。
ちょっと怖いね。先生もドキドキする。

2

● 今日から鬼さんの
当てっこクイズを
してみよう。
もしも鬼さんを
当ててしまったら、
みんなで「鬼は外～、
福は内～」と言えば
大丈夫だからね。

3

ー を持つ

● さぁ来たね。
どっちが鬼さんかな？
鬼さんを当てちゃ
ダメだよ。

ー子どもたちに尋ねる

こっちー!!

ウサギを当てたとき

ー に裏返し、動かしてしまいながら

鬼じゃないよ～！
よかったね～～ふぅ。ピョンピョン。

ー に裏返し、逃げるようにしまいながら

くそ～～～～残念。

ー に裏返し、暴れるように動かしながら

ガォ～～～～、はははは！
当ててしまったなあ～～～

● まあ大変！　みんな、一緒に退治しよう！
せーの、鬼は～外～、福は～内！

ー を逃げるようにしまい、続いて もしまう以下、と、と、とに変えて同様に繰り返しましょう。

4

POINT

鬼を大きく動かしたり、子どもたちの近くに持っていったりすると、迫力が出ます。

ああ、よかった。…あれ？　ええ！！
また鬼がやって来たよ…！！

ー順にを出して、暴れるように動かし、立てる

ガォ～～～今度はみんなで来たぞ～～

アレンジ

鬼のお面を被った保育者が登場するのも良いでしょう。

5

みんな大変！　どうすれば鬼を退治できるんだっけ？

ー子どもたちの反応を受けて

うんうん、みんなで協力して退治しよう！　あっ！
ちょうどここに良い物がある！

ーを出し、裏返し動かしながら、子どもたちと追い払う

せーの、鬼は～外～、福は～内！

6

うわぁ～～～～、やめてくれ～～～～、
参った～～～～

ーをしまい、を立てる

ああよかった。
これで安心して遊べるね。

ああ、よかったね。

なぜ「鬼は外」なの？

平安時代の初め、中国から伝わった年末の宮中行事がルーツと言われています。目が4つある金のお面を被り、矛を持った人が宮中を回り、鬼や厄を外へ追い払う行事でした。やがて鬼を追い払う役が鬼として追い払われる行事となり、今日のような形となりました。中国から伝わった「鬼（き）」の伝説と日本の「おぬ」（隠れ住む人）の伝説が融合して、角と牙のある「鬼（おに）」の姿が出来上がったようです。

15～20分

パネルシアター

鬼のおめーんめん！

案・製作／浦中こういち

使うもの ▶ 作り方＆型紙 P.148～150

はじまりのことば

節分が近づくと、「鬼がやって来るよ～」と、森の中は大慌て。
でも、今年は大丈夫。動物のみんなが鬼に変身して、
鬼を驚かそうとしています。

1

―『鬼のおめーんめん！』を歌う

♪おにのおめーんめん
もりのなかが　おおあわて
ほらほら　だれかが　やってきたよ

2

― に を重ねて貼る

うわぁ～～びっくり！　鬼さんだ～～！

がぉ～ピョン！　がぉ～～ピョン！！
こわいぞ～～！　どうだぁ～～！

あれ？　でもこの鬼さん、
ピョンピョン言ってる？
鬼さんじゃないみたいだぞ～～、誰かなぁ？

―子どもたちに尋ね、ヒントを出していく

ヒントの例：ニンジンがすきだがぉ～～
耳が長いがぉ～　など

POINT

ジェスチャーや鳴き声などもヒントに出してみましょう。

3

ー子どもたちが答えてから に
裏返し、 を手に持たせる

うひゃ～～正解ぴょん！　これを
着ければ鬼さんもびっくりするぞ～！

お面を着けていたのは、
ウサギさんだったんだね。
あれ？　あっちから誰か来たよ～

ー を外す

4

ー『鬼のおめーんめん！』を歌いながら、
に を重ねて貼る

ポンポン！　がぉ～がぉ～ポンポコポン！
どうだぁ～～怖いだろ～～～

うわぁ～～～びっくり！　でも、おかしいぞ？
この鬼さんポンポン言ってるなぁ…、
鬼さんじゃないみたいだぞ？　誰かなぁ？

ー子どもたちに尋ね、ヒントを出していく

ヒントの例：おなかをポンポンたたくぞがぉ～
何かに化けるのが得意がぉ～　など

5

ー子どもたちが答えてから
に裏返し、 を手に持たせる

ありゃ？　正解、正解！　ポンポコポン！
これを着ければきっと大丈夫ポン！

お面を着けていたのはタヌキさんだったのか～。
てっきり鬼さんかと思っちゃった。
…ほらほら、また誰か来たよ～

ー を外す

保育者がお面を着けて、クイズにしてもよいでしょう。

つづく

6

―『鬼のおめーんめん！』を歌いながら、🐻に👹を重ねて貼る

がぉ～がぉ～がぉ～
シャケが食べたいぞ～～～

うわぁ～～～今度こそ本当の鬼が来た～！
あれ？　でも、おかしいぞ、この鬼さん。
シャケが食べたいって言ってるぞ？
いったい誰かなぁ？

―子どもたちに尋ね、ヒントを出していく

ヒントの例：もちろん、シャケが好きだがぉ～
山に住んでるがぉ～　など

7

―子どもたちが答えてから🐻に裏返し、👹を手に持たせる

やっぱりおなかがすいてちゃ
だめだな～～～。でも、きっと
おなかいっぱいになってから、
これを着ければ、鬼が来ても大丈夫！

今度はクマさんだったね～。
またまた、鬼さんかと思っちゃった。
あ！　…また、誰か来たよ～

―🐻👹を外す

8

―『鬼のおめーんめん！』を歌いながら、🦒に👹を重ねて貼る

がぉ～がぉ～首がにょきにょき、がぉ～～～

な、な、なんだ～～今度は首の長い鬼だ～～～！
あれ？　でも何だかおかしいなぁ？　これも、
もしかして誰かがお面を着けているのかな？

―子どもたちに尋ね、ヒントを出していく

ヒントの例：首が長～いがぉ
高い所はぼくに任せてがぉ～　など

9

―子どもたちが答えてから👹を手に持たせる

ありゃりゃりゃ、バレちゃった。
でも、きっとこのお面を着けていたら大丈夫！
そうだ、みんなを呼んで遊ぼう！
お～いみんな～～

10

ー（うさぎ・たぬき・くま・しか）にそれぞれのお面を重ねて貼る

（4匹）これで、ちーっともこわくない！
よ～しみんな～
これを着けて遊ぼう！

11

ー（赤鬼）を貼る

（赤鬼）がぉ～がぉ～怖いぞ～～どうだ～～

（うさぎ）え？　何してるの？　鬼のまねなんかして

（くま）誰かが、お面を着けてるんだよ。鬼はもっと怖い顔だもん

（たぬき）そうそう、声ももっと怖い！　怖い！

（しか）いったい誰だい？　ねえねえみんな、
そんなことより、お面を取って向こうで遊ぼう！

（4匹）そうしよう！　そうしよう！！

ー（お面）を外す

12

ー（赤鬼）に裏返す

（赤鬼）あれあれ、おかしいなぁ？
だ～れも驚いてくれないや。
あ～あぁ、年に一度の
ぼくの出番の日なのになぁ。

ー（赤鬼）に裏返す

（赤鬼）あっ！　あそこに行って驚かそう！
○○園（自分たちの園の名前）に！　あっ、みんなに
とっておきの秘密を教えるよ。ここだけの話ね。
ぼくは、「鬼はそと～～～」って元気に言われるのが苦手
なんだ。このことは、内緒にしておいてね。さぁ～行くぞ！

ー『鬼のおめーんめん！』を歌う

おしまい

アレンジ

オリジナルのお面を作ってみましょう。

♪ 鬼のおめーんめん！　作詞・作曲／浦中こういち

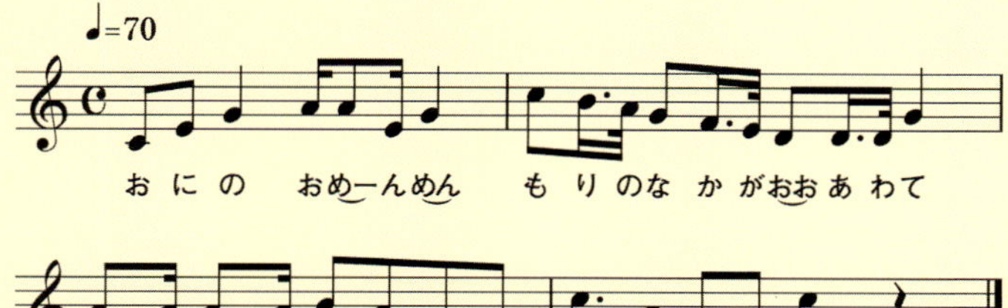

鬼の嫌いなものってなあに？

イワシ（特に焼いたイワシ）の匂いは鬼が苦手だと言われています。目に刺さったり手で触ると指を傷つけたりするヒイラギの葉っぱと一緒に玄関に飾っておくと、決して鬼が入って来ないと信じられていたので、今でもこの風習が残っている地域があります。また、マメには「魔を滅する＝魔滅・魔目」力が宿っていて鬼の目に向かって投げると効果があり、それを食べると無病息災でいられると言われています。

ひな祭り（3月3日） 7～8分

タオルシアター

ふんわりおひなさま

案／松家まきこ

はじまりのことば

● 今日はタオルでおひなさまを作りますよ。
できるかな？　見ててね。

POINT

どんな音程でも OK！　好きなリズムで歌いましょう。

POINT

着物のタオルはあらかじめ2つ折りにして細長くしておくと、スムーズに着せることができます。やりにくい場合は、机に置いて着せても良いでしょう。

4

ー を同様に重ねて着せながら
♪きれいな着物を着せましょう

5

ー を
付けながら
♪かわいいおうぎに
かんむり付けて

ー を付けながら
♪かわいいおひなさまの
出来上がり

6

♪ふんわり　ふわふわ　いいにおい
おにぎり　ぎゅっぎゅと　作ったら
きれいな着物を　着せましょう
きれいな着物を　着せましょう
すてきなかんむりに　しゃくを持って
すてきなおだいりさまの　出来上がり

おしまい

同様に
おだいりさまも
作りましょう

アレンジ

きれいな布の上に並べたり、黄色画用紙で金びょうぶを作ったりして飾ってみましょう。モモやタチバナの花、ひし餅もタオルで作れます。

ひな祭りの由来

昔はケガや病気の身代わりに人の形を紙などで作って、その人形(ひとがた)を川に流す「流し雛」が行なわれていました。やがて中国から上巳(じょうし)の節句という、春を喜び無病息災を願う行事と結び付いて、今のような形になりました。ひな人形が飾られるようになったのは江戸時代からだと言われています。

ひな祭り（3月3日） 15～20分

カードシアター

今日はうれしいひな祭り

案／松家まきこ・製作／大塚亮子

使うもの ▶ 作り方＆型紙 P.152～153

はじまりのことば

ー （ぼんぼりん）を左手に持って揺らしながら、『うれしいひなまつり』を歌う

♪あかりをつけましょ　ぼんぼりに～

1

ー （ひな壇）をホワイトボードなどに貼る

ー （ぼんぼりん）に裏返す

パッ！　こんにちは。ぼくは、ぼんぼりん。
ぼくが明かりをともしたら、
心もウキウキ、ピッカピカ！
今日はひな祭りのお祝いの日です。
さあ、みんなが来るまでに支度を整えなくっちゃ。

2

ー （五人囃子）を右手に持つ

すると、ピーヒャラララドンドコドン。
どこからか5人の人影が現れて、
すてきな演奏を始めたよ。
さあ、誰かな？　照らしてみよう！

せーのっ、パッ！

ー （ぼんぼりん）を近づける

POINT

「パッ！」を子どもたちと声を揃えて言うと盛り上がります。

3

ー に裏返す

あ、五人囃子のみんなだ！

ああ、笛の調子がどうもうまくいかないなあ。本番はもうすぐ。みんなで頑張ろう。オー！

ー に を差し込む

4

ー を右手に持つ

すると、次にやってきたのはかわいい女の子たち。誰かな？　また、照らしてみよう！

ー を近づける

パッ！

5

ー に裏返す

そう、三人官女です。

ねえ、私のおしろいを見なかった？　あら、ごめんなさい。私のと間違えて使っちゃったわ。まあ、そうだったのね。今日はおしろいをパタパタ塗っておめかしもばっちり！ああ楽しみだわ！

ー に を差し込む

6

ー を右手に持つ

いやあ、今日は本当にめでたいのぉ。

やってきたのは右大臣。あれ？　ちょっとお顔が赤くない？　もしかしてお酒を少し味見したの？

いやいや。あまり詳しいことは聞かんでおくれ。ごちそうはもうできておるかの？

ー に を差し込む

7

ー を右手に持つ

さあ、ひな祭りのごちそうといえば？これは何か分かる？　照らしてみよう！

ー を近づける

パッ！

つづく

8

ー [ひし餅] に裏返す

● そう。ひし餅！
おいしそうだね。

ー [台] に [ひし餅] を差し込む

9

ー [左大臣] を右手に持つ

[左大臣] わしは左大臣じゃ。さあ、それでは、
おだいりさま、おひなさまのおな〜り。
わたくしたちが、しっかりお守りしますぞ。

ー [台] に [左大臣] を差し込み、[おだいりさま・おひなさま] を右手に持つ

10

● すてきな着物のおだいりさまと
おひなさまですね〜。
あれ？　なんだか帽子が違ってない？
持っている物も違うみたい！
みんな、どこが違うか分かる？

ー子どものたちの反応を待って

● おだいりさまがかぶっているのは
シルクハット！　それに持っているのは、
しゃもじ！　それから、おひなさまが
持っているのは、おにぎりだね！

11

[おひなさま] あらはずかしい！　ちょっとおなかが
すいちゃて、つい…。
さあさあ、きちんとお支度をしましょう。

ー [ぼんぼり] を近づける

[ぼんぼり] パッ！

12

ー  に裏返して差し込む

● ほら、もう大丈夫。おだいりさまは
「かんむり」に「しゃく」、おひなさまは
「おうぎ」を持ってバッチリだね！

13

―（モモ・タチバナ）を差し込みながら

●モモもタチバナもいい香りだねー。

アレンジ
年齢に合わせて、ひな人形の由来を説明するのも良いですね。

14

―（ぼんぼり）× 2を差し込みながら

●ぼんぼりの明かりに照らされて、金のびょうぶもきれいに輝いているね。

15

●さあ、いよいよ始まるよ！　みんなでお祝いの歌をうたおう。

―（ぼんぼり）を揺らしながら、『うれしいひなまつり』を歌う

●♪あかりをつけましょ　ぼんぼりに
おはなをあげましょ　もものはな〜

●みんなも春には〇〇組、これからもすくすく元気に大きくなってね。

♪ うれしいひなまつり　作詞／サトウハチロー　作曲／河村光陽

おだいりさまとおひなさまの座る位置

関西では向かって右がおびな、左がめびな、関東では向かって右がめびなで左がおびなとなっています。座る位置が右と左どちらが偉いのか？　という考え方によるといわれています。

5～10分

じゃばらシアター

ありがとう！おめでとう！

案・製作／kit-chen（小沢かづと、iku、鈴木翼）

使うもの
▶作り方＆型紙P.154

イス　すべり台　カレーライス　○○先生（表・裏）

はじまりのことば

●楽しかったこと、園で過ごしたこと、その思い出をクイズにしましたよ。さあ、みんなは何問正解できるかな？

1

―折った［イス］を持つ
●それでは第1問。これは何でしょうか？
―下部を広げながら
●何だろう？　棒が2本？
―上部を広げながら、
●カバンかな？　ヒントは、みんなが座っていた物だよ。

―子どもたちの反応を受けて、じゃばらを開きながら
●正解は…イスでした！　みんながたくさん座ったイスにも、ありがとう！　おめでとう！　パチパチパチー。

POINT
演じる前に鏡の前でどう見えているのか練習をしてみましょう。子どもたちとのやり取りを楽しんでください。

2

―折った［すべり台］に持ち替える
●では、第2問。これは何でしょうか？
―右部を広げながら
●これは何だろう？　長いね…。ヒントは、上ったりすべったりする物です。
―子どもたちの反応を受けて、じゃばらを開く
●正解は…すべり台でした！　みんながたくさん遊んだすべり台にも、ありがとう！　おめでとう！　パチパチパチー

ー折った に持ち替える

● では、第３問。これは何でしょうか？

ー左部を広げながら

● 何だろう？　茶色い物？
ヒントは、食べ物です。

ー子どもたちの反応を受けて、
じゃばらを開きながら

● 正解は…カレーライスでした！
みんな大好きだったもんね。
たくさん食べた給食にも、ありがとう！
おめでとう！　パチパチパチー

ー折った に持ち替える

● それでは最後の問題だよ。これは何でしょうか？

ー上部を広げながら

● 何だろう？　黒いね。
ヒントは、みんながよ～く知っている人です。

ー子どもたちの反応を受けて、じゃばらを開きながら

● 正解は…あれ？　誰だろう？
黒くて分からないね…。ひっくり返して見てみよう。

ー に裏返す

● あ！　これは…！　○○先生でした。
みんなとたくさん遊んでくれた○○先生にも、
ありがとう！　おめでとう！　パチパチパチー。
みんな大きくなりました！
おめでとう！！　自分たちにも拍手～！！

アレンジ

全て写真を使うのも良いでしょう。また、クラスのマークや、園長先生の顔、靴、机、子どもたちの思い出の場所などもクイズにしてみましょう。

お別れ会・卒園式　10～15分

ペープサート

ならびかえたら なにになる？

案・製作／kit-chen（小沢かづと、iku、鈴木翼）

使うもの▶作り方＆型紙 P.155～156

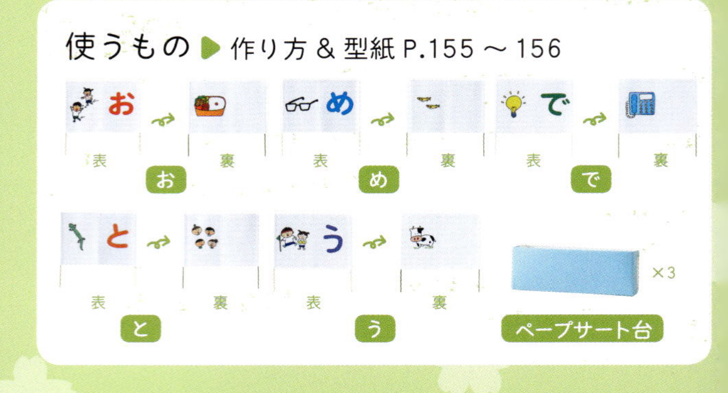

はじまりのことば

今から当てっこクイズをするよ。
一文字目を出すから、それから始まるものを当ててみてね。

1

―お を出しながら

今日はお別れ会なので、お別れ会の「お」が付くものから始めてみましょう。
♪お　お　お　がつく　なあに？
　お　お　お　がつく　さあ　なんでしょう

―子どもたちに合わせてヒントを出す

ヒントの例　お外での遊びだよ、○○のときにみんなで遊んだよ　など

POINT　好きなリズムで歌いましょう。

―子どもたちの反応を受け、裏返して を出す

「鬼ごっこ」でしたー！
みんなでたくさん遊んだね。

2

―裏返して お に戻す

それじゃあ、もう一つ、
「お」が付くものなーんだ？
♪お　お　お　がつくなあに？
　お　お　お　がつく
　さあ　なんでしょう

―子どもたちに合わせてヒントを出す

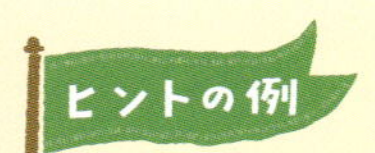

ヒントの例

お昼に食べることが多いかな？　など

—子どもたちの反応を受け、折り返して（弁当）を出す

● 正解は、「おべんとう」でしたー！
おにぎりじゃなかったね。

—折り返して お に戻し、立てる

以下、と→（トカゲ）（友達）、で→（電気）（電話）、め→（メガネ）（メダカ）、う→（運動会）（ウシ）に持ち替えて、繰り返しましょう。

3

4本足に尻尾があるよ。
「トカゲ」でしたー。
うひゃー！

仲良くなるとできるものだよ。「友達」でした。
友達たくさんできたよね。

4

明かりがついて、照らしてくれるよ。
「電気」でした～

耳に当てて使う物だよ。
「電話」でした！

5

かけると物がよ～く見えるよ。
「メガネ」でした～。

きれいな川に住んでいるよ。
「メダカ」でした！　もうすぐ春だね。メダカさんにもそろそろ会えるかな？

6

みんなで競争したり、踊ったりしたよ。「運動会」でした！
みんなすごく頑張ったよね。

モーと鳴きます。
「ウシ」でした！
かわいいね～。

7

● では、最後にこの出てきた文字を見てみると…？　お・と・で・め・う。
あれ？　何かのメッセージかな？　…あっ！！！

—と め を入れ替える

● これとこれを入れ替えると…、
お・め・で・と・う！　おめでとうだって！
みんな大きくなったね、本当におめでとう！！
みんなに拍手～！！

おしまい

アレンジ

「おめでとう」の前に、クラス名を入れてもいいですね。
「にじ組」なら「に」→「ニンジン」「ネギ」、「じ」→「ジャガイモ」「じゃんけん」、「ぐ」→「グミ」「グレープ」、「み」→「耳」「三日月」　など

誕生会　15～20分

カードシアター

みんなおたんじょうび！

案・製作／浦中こういち

使うもの ▶ 作り方＆型紙 P.157～159

ケーキ①　開く　リス　ドングリネックレス　ケーキ②　開く　サル　バナナボート

ケーキ③　開く　ネズミ　チーズ帽子　ケーキ④　開く　カミナリ　太鼓

ケーキ⑤　開く　ケンタ　車

はじまりのことば

● 今日はいろんなお友達の誕生日だよ！　どんなケーキかなぁ？
どんなプレゼントをもらうのかなぁ？　みんなで見てみよう！

1

－♪『みんなおたんじょうび』を歌う

2

－ケーキを出す

● うわぁ、かわいい
ケーキが出てきたよ。
これは誰のかなぁ？
ロウソクは3本だから
3歳みたいだね。
ドングリが乗っているね。

3

－ケーキを揺らしながら

（リス）ロウソクの火を消すよ～…。フ～！
モグモグ、おいしい～…

● え？　誰かいるの？　じゃあみんなで
「3歳おめでとう！」って言ってお祝いしよう！
せーの、3歳おめでとう～！

4

POINT

開く速さを変えたり、少し焦らしたりして、演じ分けてみましょう。

－チラッと上部をめくる

● あら、誰かな？
ちょっとだけ
お顔が見えたね。

－子どもたちの反応を受けて

● よし、みんなで
呼んでみよう！　せーのっ
リスさ～ん!!

5

―上下を広げながら

はーい！　みんなありがとう！　私のすてきなケーキ見てくれた？　ドングリが乗っていて
おいしいんだよ～。あ！　そうそう、
プレゼントももらったんだよ。何か分かる？

―子どもに尋ねる（ヒントを出してもよい）

6

私のもらったプレゼントは、
こんなすてきな物だよ。ジャ～～ン！

―上下を閉じて に裏返す

ドングリのネックレスだよ！　かわいいでしょ？
おなかがすいたら食べられるのよ～！　じゃあね～。

リスさんのケーキはドングリケーキだったね。
プレゼントはドングリネックレス。
すてきだね～！　次はどんなケーキかなぁ？

以下、サル、ネズミ、カミナリ、ケンタで同様に繰り返す。

7 サル

はーい！　僕のすてきなケーキ見てくれた？
大きなバナナが乗っていておいしいんだよ！

ジャーン！　バナナのボートかっこいいでしょ！
夏はこれに乗ってお父さんと釣りに行くんだ～！

8 ネズミ

はーい！　はい！　はい！　はい！　僕たちの
すてきなケーキ見てくれた？　大好きなチーズケーキ！

ジャーン！　とんがりチーズ帽子！
かっこいいでしょ？　かわいいでしょ？
これをかぶってみんなでお出掛けだよ！

つづく

9 カミナリ

はーい！　僕は鬼だけどカミナリさんだよ～！
僕のすてきなケーキ見てくれた？　雲に乗ってるモクモクケーキだよ。ふんわりふわふわおいしいんだよ～。

太鼓だよ！　かっこいいでしょ！
いっぱい練習してお父さんと一緒にカミナリ太鼓をたたくんだ～！

10 ケンタ

これは
誰のかなぁ？

こんにちは、僕はケンタ！
僕のすてきなケーキ見てくれた？
イチゴがいっぱいだったでしょ？
おいしいんだよ～。

男の子
みたいだね。
何て名前かな？

ジャーン！　車だよ！
かっこいいでしょ！
この車に乗って
お出掛けだ～！
じゃあね～。

ケンタくんのケーキはイチゴケーキ。
プレゼントはかっこいい車だったね。
すてきだね～！
またお誕生日の人がいたら、
みんなでお祝いしようね！

おしまい

アレンジ

誕生日の子どもをテーマにしても盛り上がります。実際の写真を貼ってもいいですね。裏面に、手形スタンプをしたり、保育者からのメッセージを書いたりするととってもすてきなプレゼントに！

♪ みんなおたんじょうび　作詞・作曲／浦中こういち

かんたん！　コピーでラクラク♪

作り方＆型紙

●本書で紹介している大きさに合わせた拡大率を記載しています。これをめやすに、演じる場面に合わせて拡大して着色し、ご使用ください。
●あらかじめ原寸大(100%)でコピーし、必要分を切り分けてから拡大すると、むだなく使えます。
●（－・－・－）は山折り線、（－－－－）は谷折り線です。

ペープサート

ペープサート絵人形の作り方

1 型紙を画用紙に拡大コピーして着色し、余白を切る。画用紙に印刷できない場合は、普通紙に拡大コピーして同様にし、画用紙に貼る。

2 竹串を貼り付ける。片面の場合は、裏からセロハンテープで留める。表裏のある場合は、両面テープで竹串を留め、スティックのりで貼り合わせる。

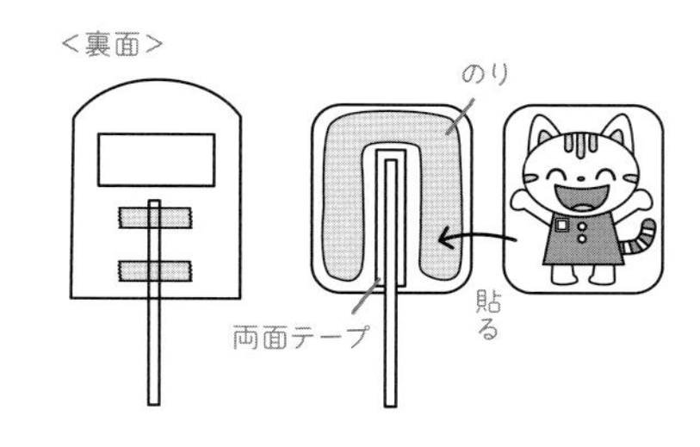

ペープサート台の作り方

1 牛乳パックを図のように切り、折り畳んでセロハンテープで留める。

折り畳んで留める

牛乳パック

2 周りに色画用紙を貼り付け、中にペープサートを立てる油粘土を入れる。

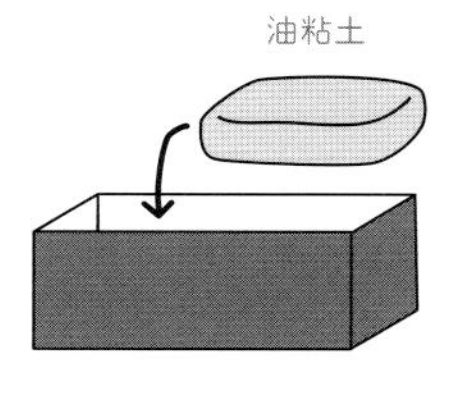

パネルシアター

パネルシアター絵人形の作り方

1 型紙を拡大コピーし、Pペーパーに鉛筆で絵を書き写す。

2 水彩絵の具やポスターカラーなどで着色し、油性フェルトペンで縁取りして、ハサミで余白を切り落とす。表裏で違う絵の場合は、絵を描いた2枚の並口Pペーパーに、普通紙などを挟んで貼り付ける。

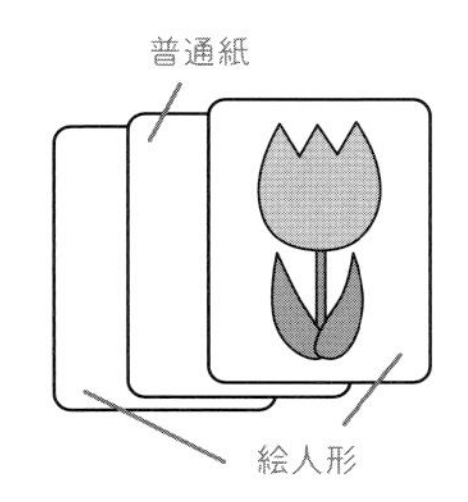

パネルの作り方

1 段ボール板を貼り合わせる。

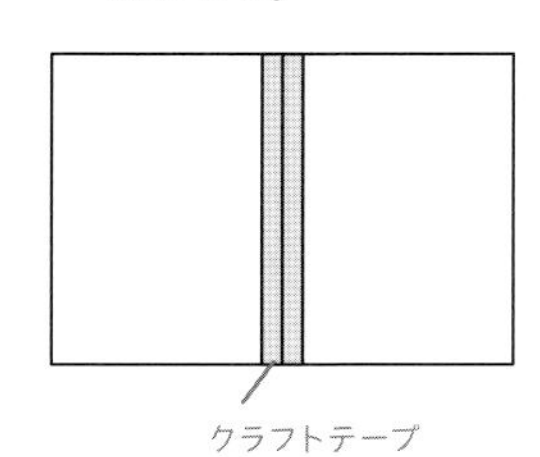

2 1をパネル布で覆い、裏を布粘着テープで貼り付ける。

※本書では、110×80㎝のパネルを使用。

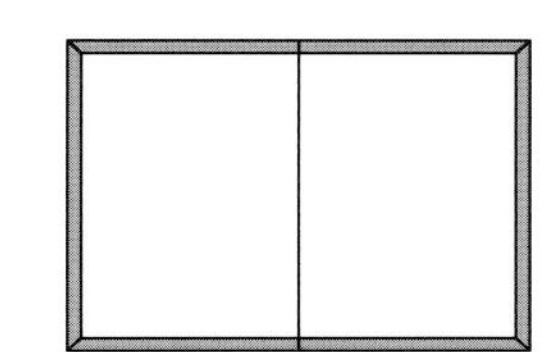

進級・入園 み～んなみんなおめでとう！

250％拡大

作り方

お花 扉 ネコちゃん ゾウくん リスちゃんたち 積み木

● P.97 ペープサート絵人形の作り方参照。

ペープサート台

P.97 ペープサート台の作り方参照。

ネコちゃん

（表）

（裏）

扉

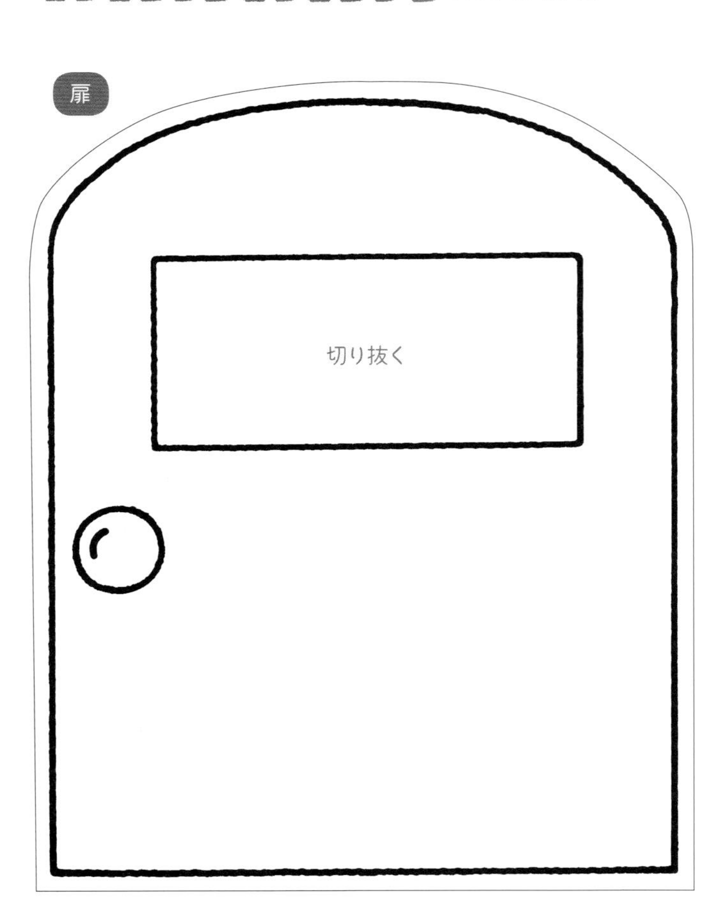

お花

（表）

このメッセージが見えるまでページを開くと、きれいにコピーすることができます。

このメッセージが見えるまでページを開くと、きれいにコピーすることができます。

ゾウくん

お花

（裏）

リスちゃんたち

リスちゃんたち

（裏）

積み木（表）

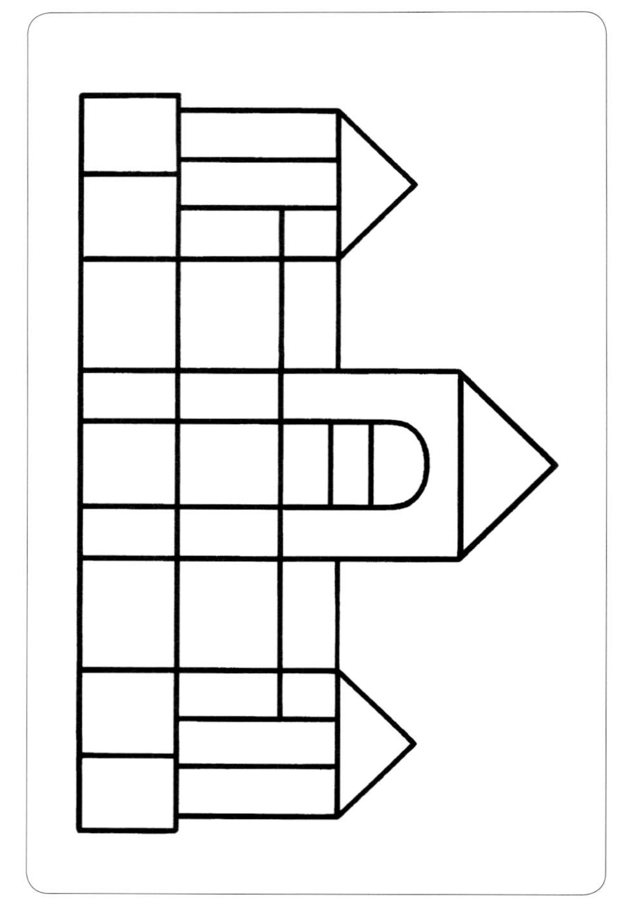

積み木（裏）

P.9～11 進級・入園 おはよう！

300％拡大

作り方

ケロちゃん、ピョンちゃん

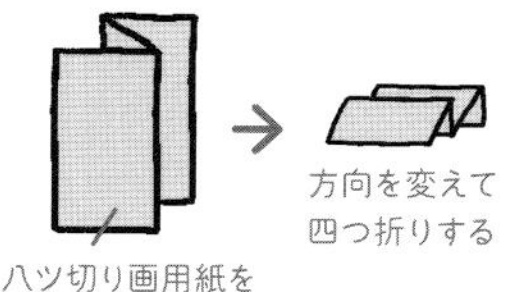

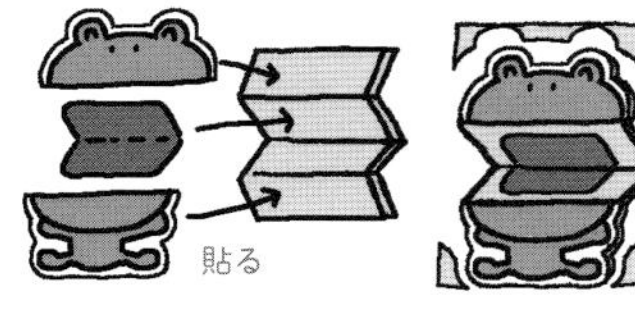

池

●表と裏を貼り合わせる。

ケロちゃん、
ピョンちゃん

（口）

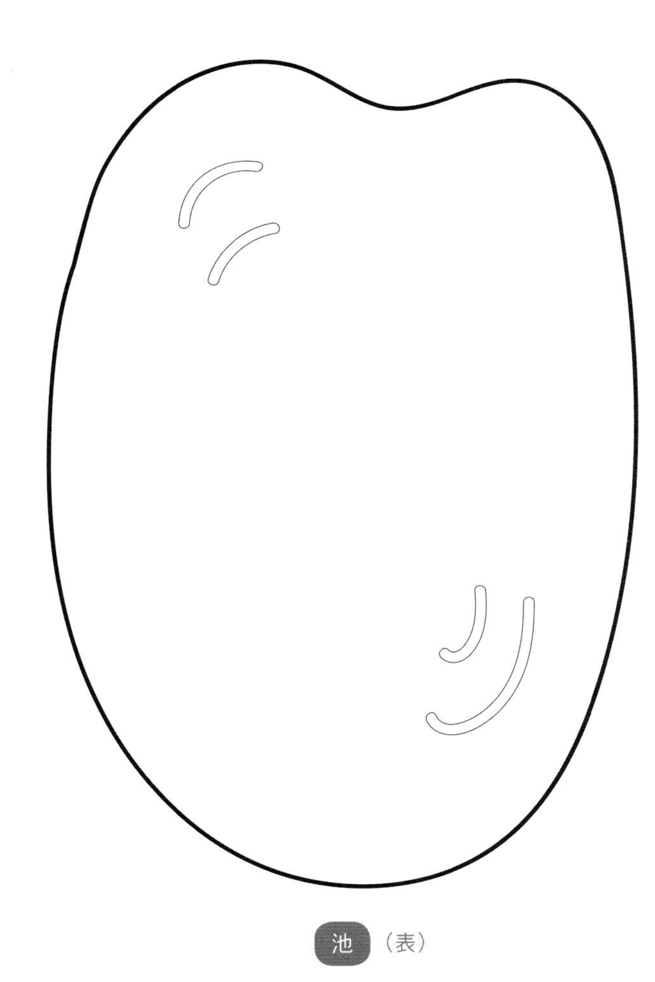

池（表）

（裏）

こどもの日 やったね！今日はこどもの日

250％拡大

作り方

● P.97 パネルシアター絵人形の作り方参照。

こいのぼり

（表）

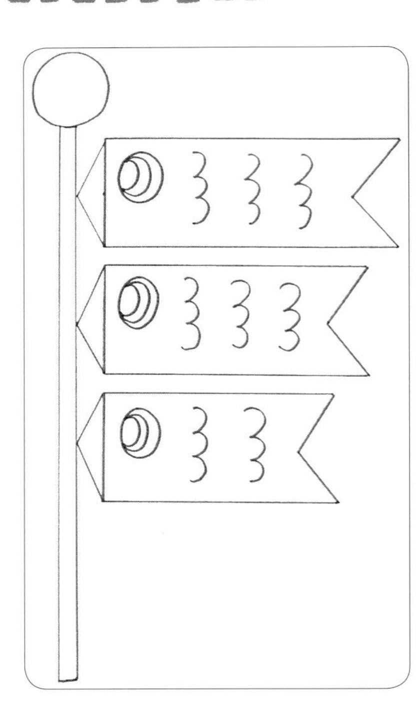

（裏）

かぶと

（表）

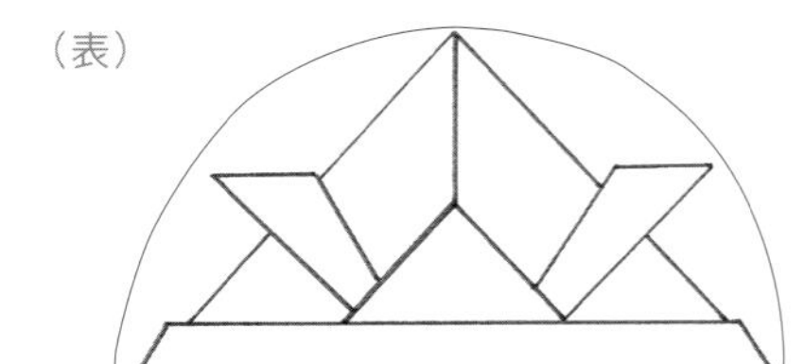

（裏）

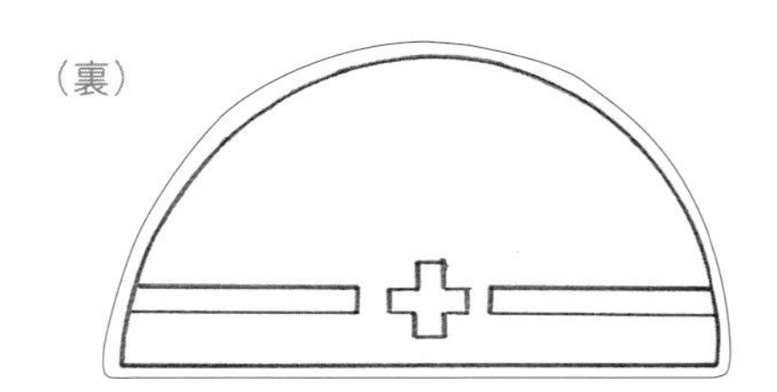

子ども

このメッセージが見えるまでページを開くと、きれいにコピーすることができます。

このメッセージが見えるまでページを開くと、きれいにコピーすることができます。

柏餅

（表）

（裏）

菖蒲

（表）

（裏）

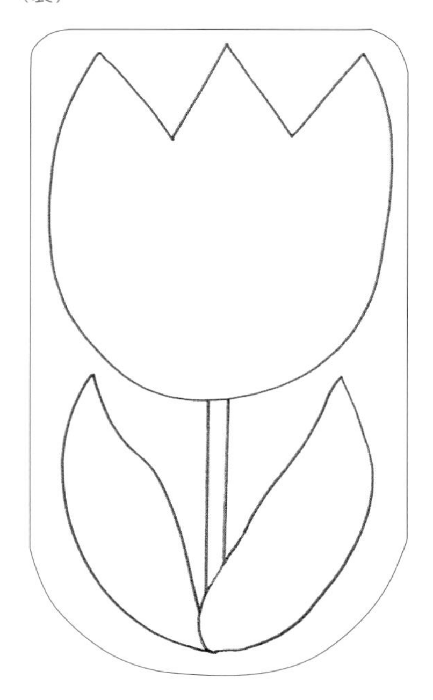

200%拡大

作り方

● P.97 ペープサート絵人形・ペープサート台の作り方参照（洗濯物は両端に竹串を貼り付ける）。

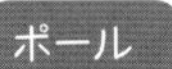

ポール

電柱

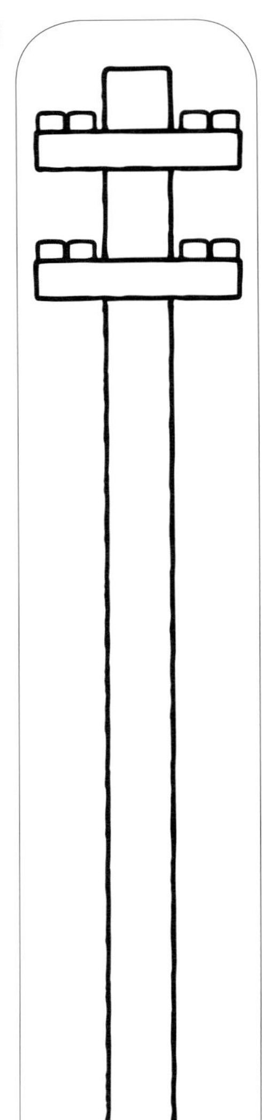

ボーリー（表）

（裏）

飛行機

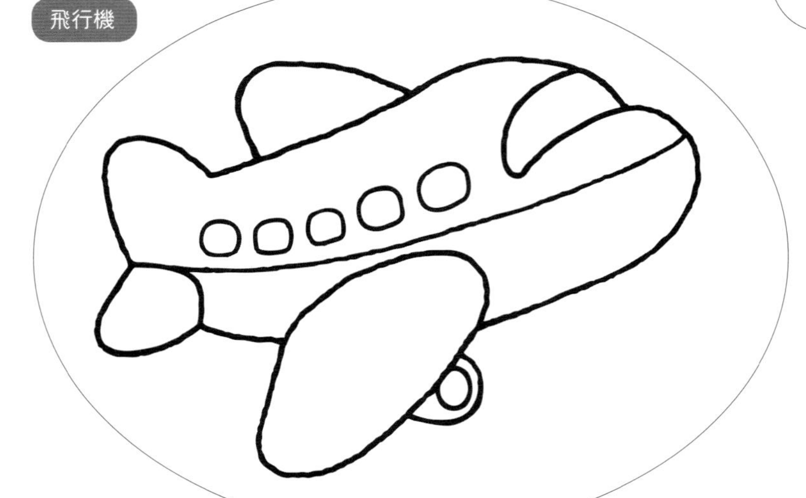

雲

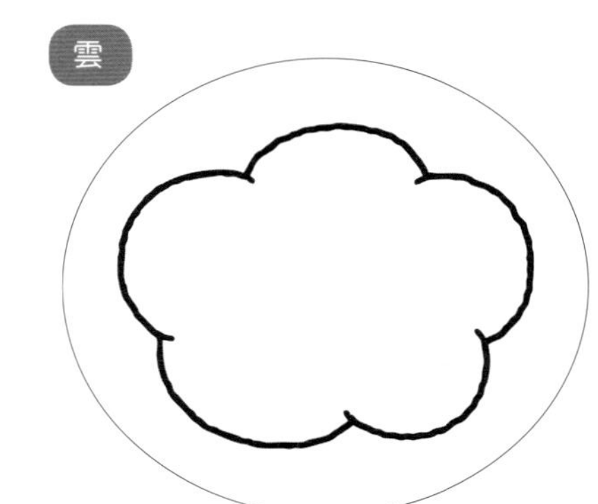

このメッセージが見えるまでページを開くと、きれいにコピーすることができます。

洗濯物

子ども

スズメ

P.20～21  こどもの日 こいのぼりのこいちゃん

250％拡大

作り方

ハンガー

こいちゃん、お姉ちゃん、お兄ちゃん、お父さん

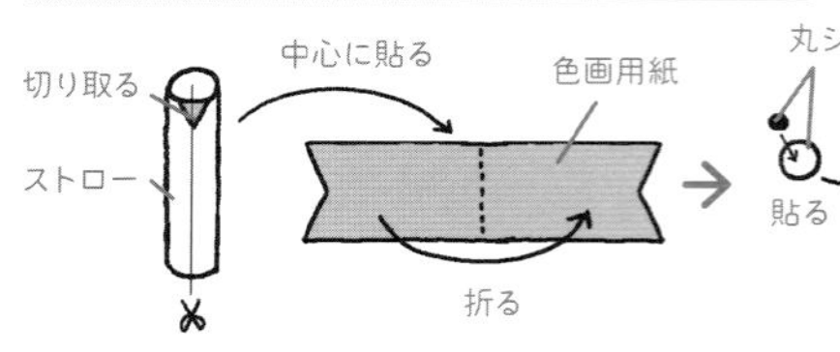

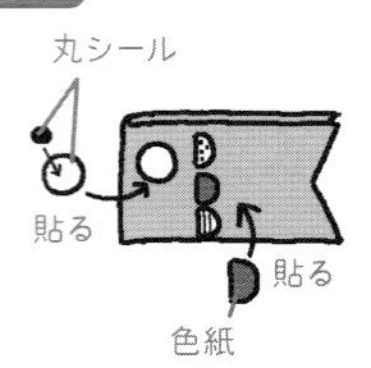

お母さん

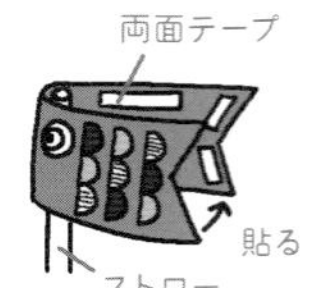

演じるときは…

●ストロー上部の切り込み部分からハンガーに当てると、スムーズにはめることができます。

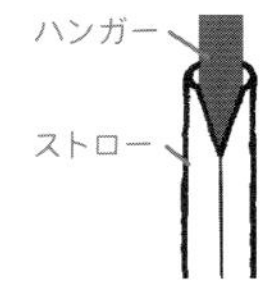

このメッセージが見えるまでページを開くと、きれいにコピーすることができます。

P.22～25 

歯と口の健康週間 ハミガキしないのだーれ？

300％拡大

作り方

たろくんフォルダー

●たろくんの口幅に合わせて、クリアフォルダー・たろくん・目①に切り込みを入れておく。

バイキン

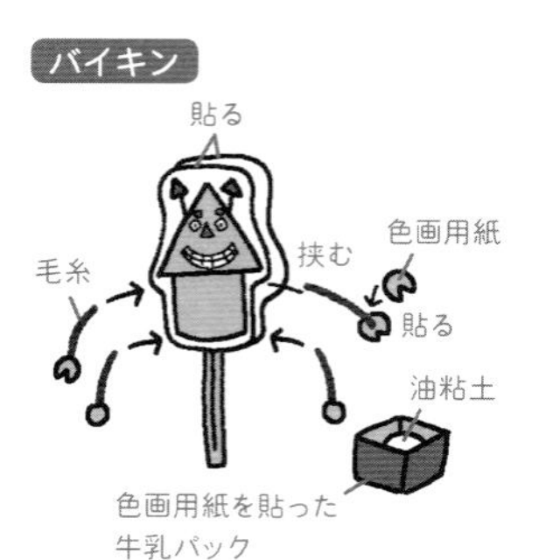

バイキンステッキ、ハブラシ

〈裏面〉

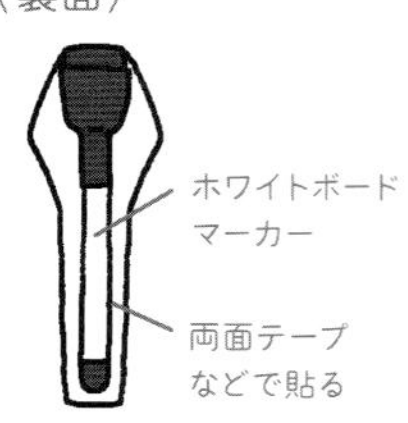

額帯鏡

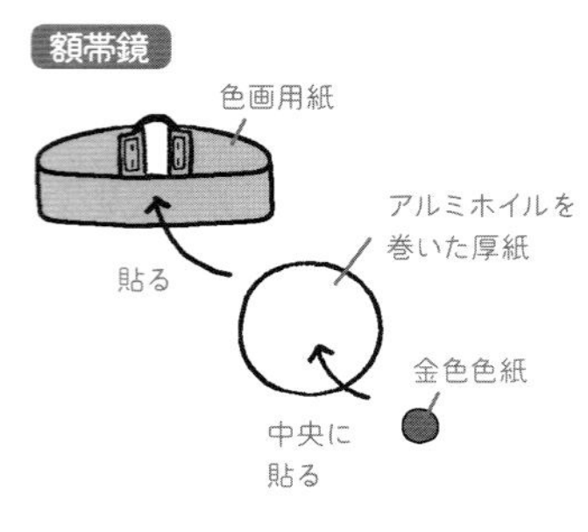

たろくんフォルダー（たろくん）

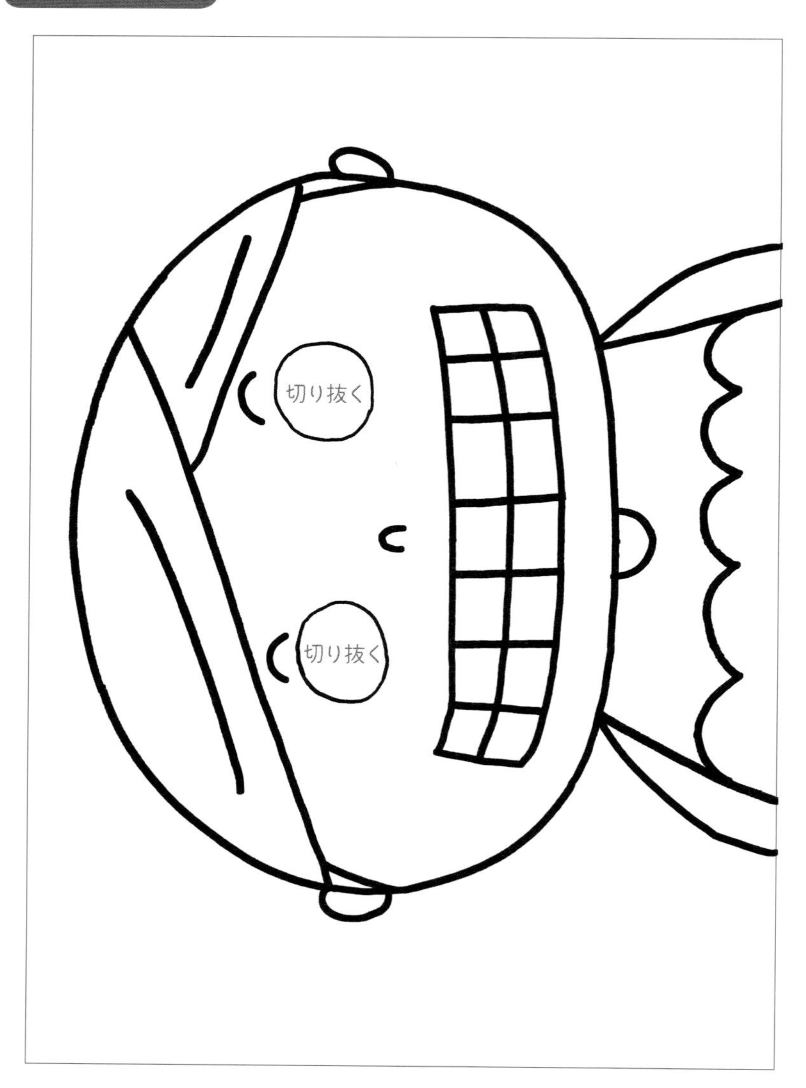

お菓子

このメッセージが見えるまでページを開くと、きれいにコピーすることができます。

（目①）

（目②）

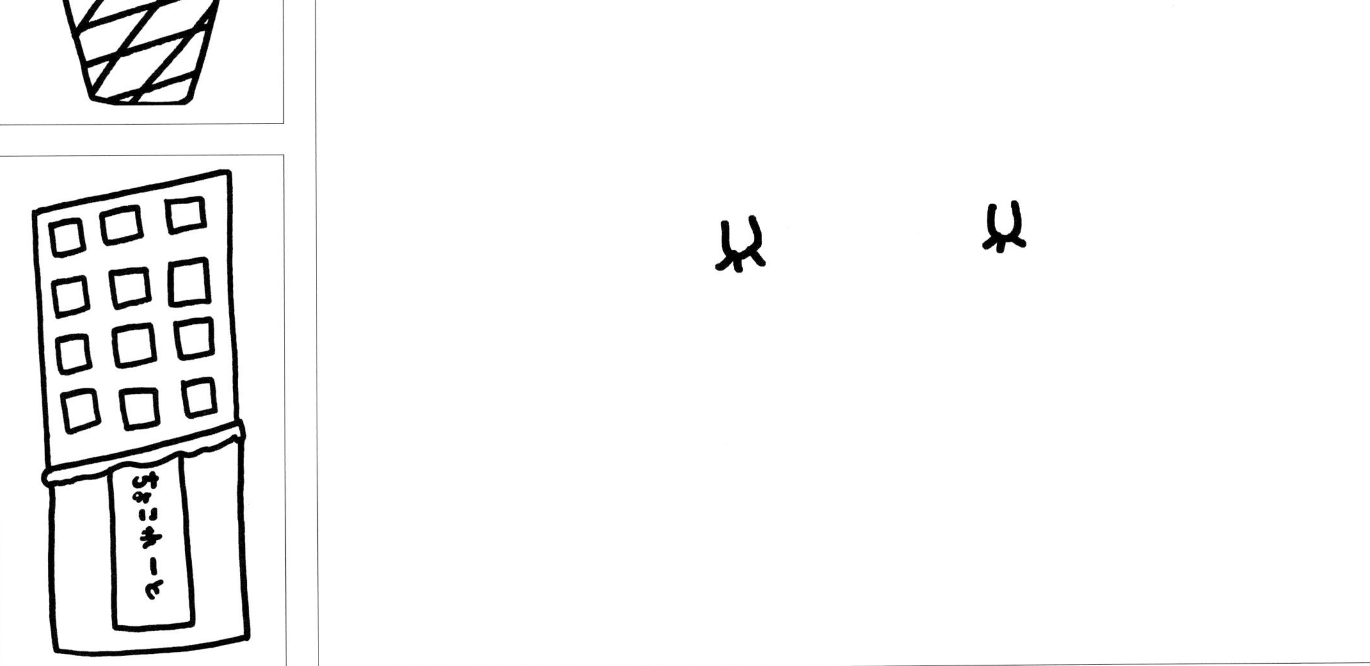

（目③）

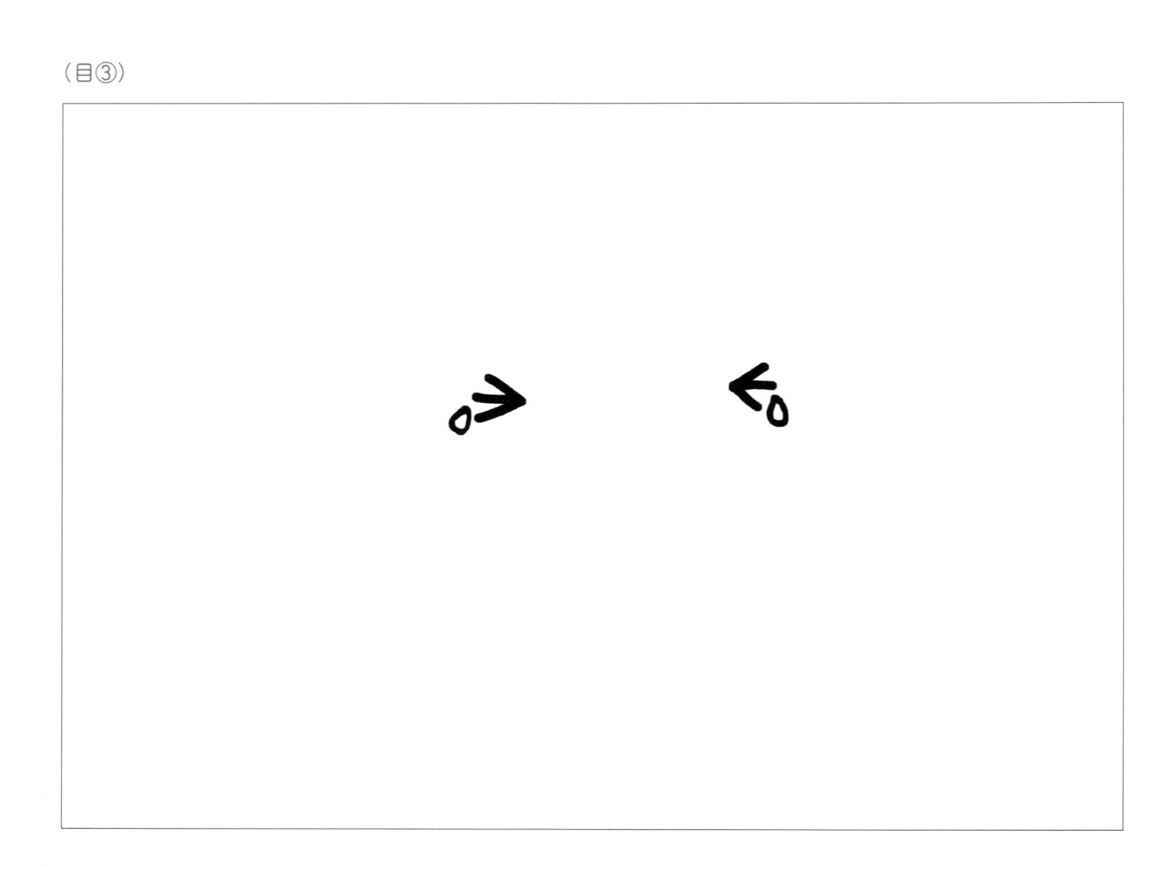

このメッセージが見えるまでページを開くと、きれいにコピーすることができます。

作り方

とけいくん

ウサギちゃんなどの指人形

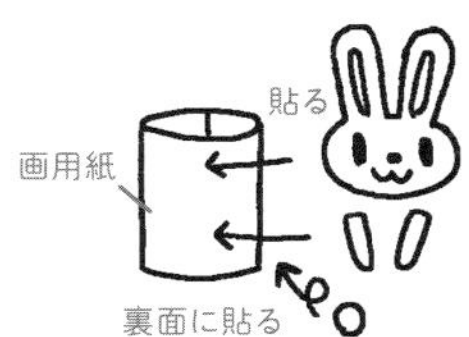

おにぎり、クッキー

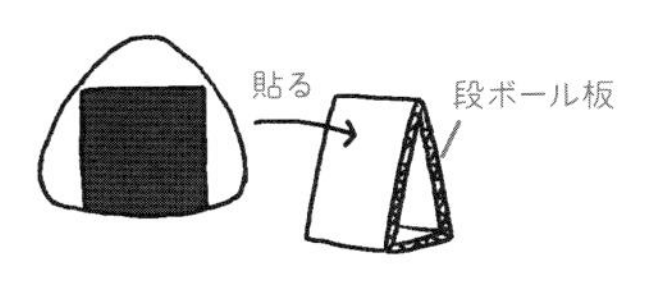

とけいくん

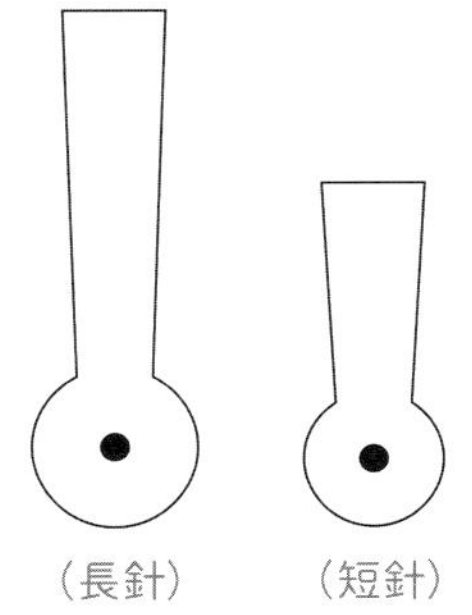

（長針）　（短針）

おにぎり

400%拡大

クッキー

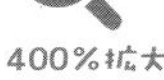

400%拡大

ウサギちゃん

ネコくん

パンダくん

P.28～29 七夕 たなばたさま

300%拡大

作り方

たなばたさまシート

このメッセージが見えるまでページを開くと、きれいにコピーすることができます。

P.30～33 七夕 たなばたのおはなし

250％拡大

作り方

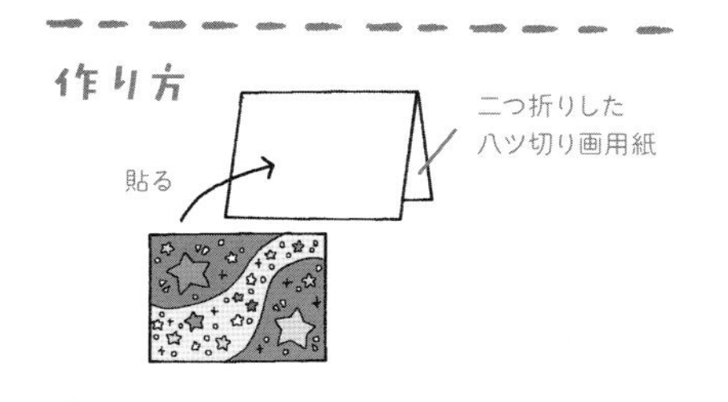

彦星 （裏②）

（表） （裏①）

織り姫

（表）

（裏①）

（裏②）

このメッセージが見えるまでページを開くと、きれいにコピーすることができます。

天の川

織り姫の父

（表）　（裏）

P.34～37

プール

● P.97 ペープサート台に貼る。

カッパくんなどの指人形

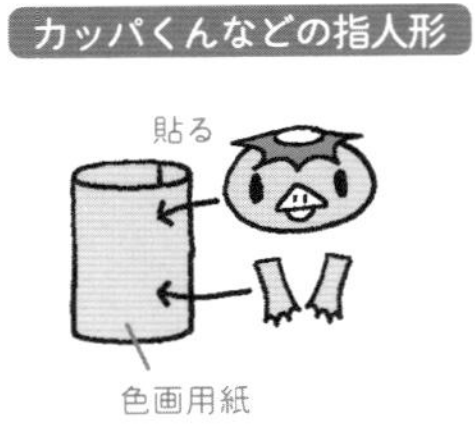

人魚、水しぶき

● P.97 ペープサート絵人形の作り方参照。

プール

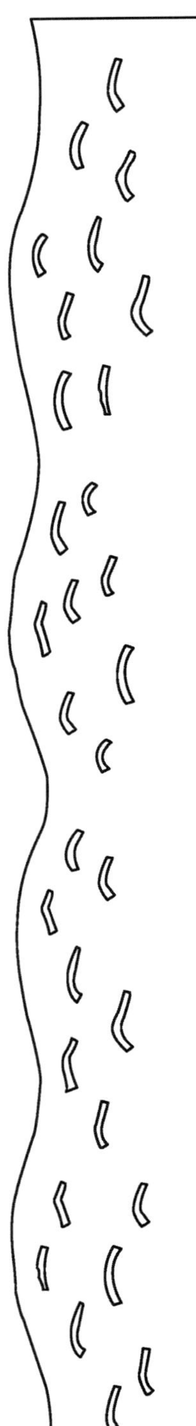

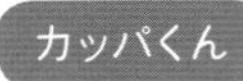

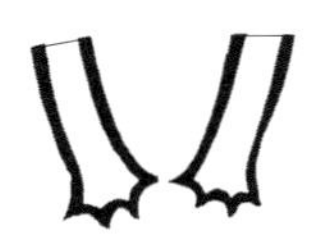

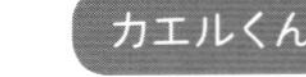

300%拡大

人魚

浮き輪

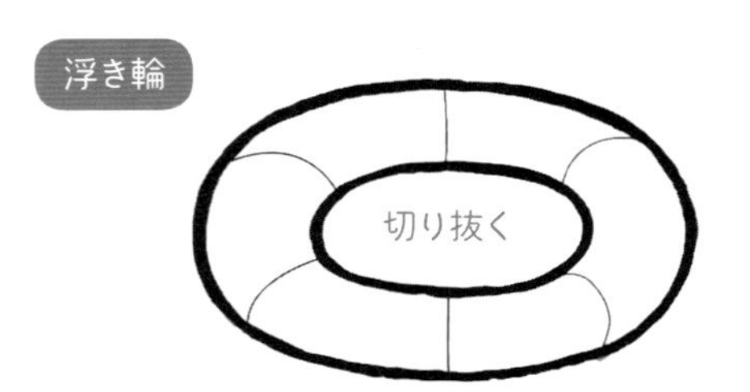

このメッセージが見えるまでページを開くと、きれいにコピーすることができます。

P.38～41 夏祭り ヨーヨー釣りだ！お祭りだ！

250％拡大

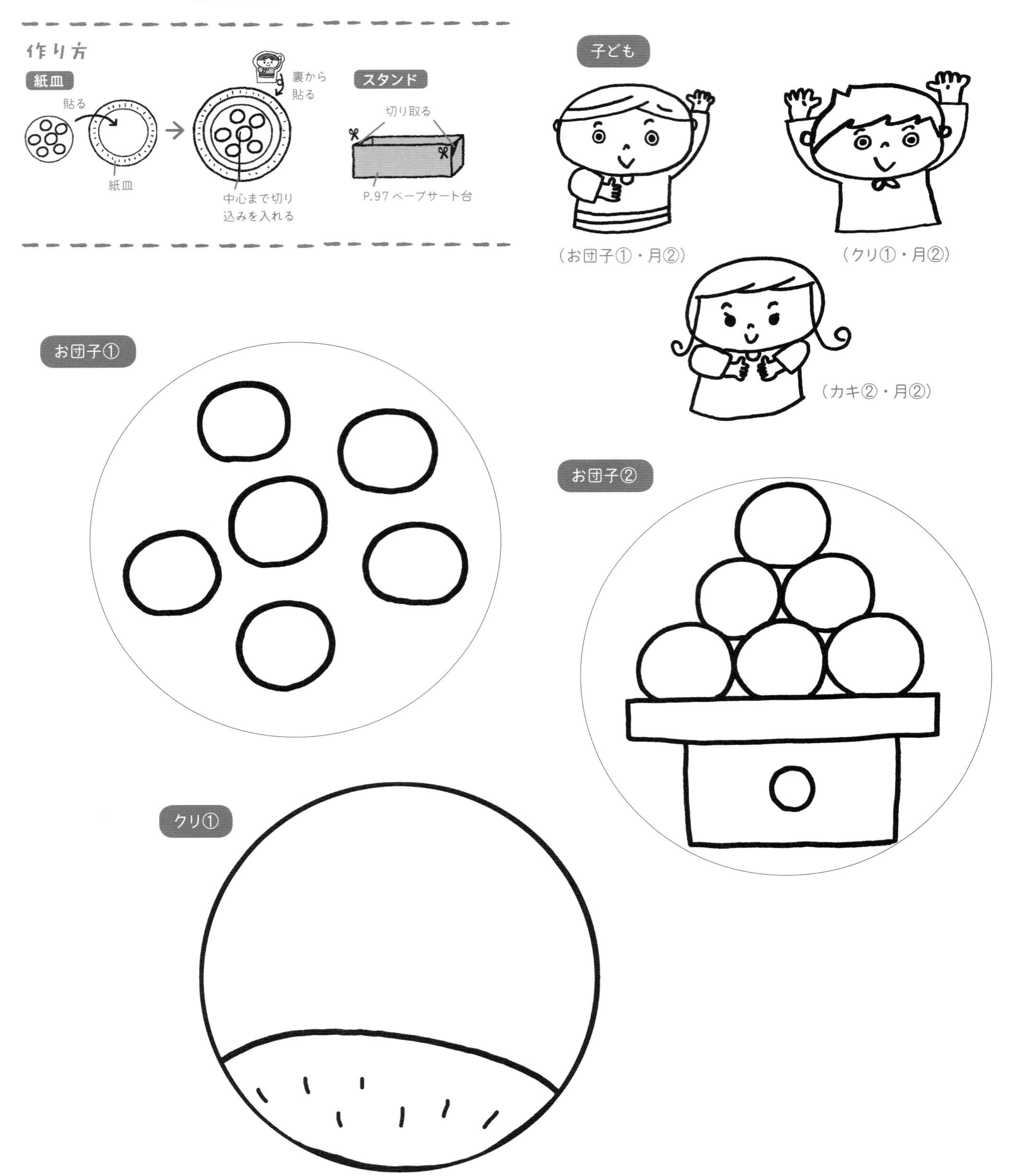

このメッセージが見えるまでページを開くと、きれいにコピーすることができます。

このメッセージが見えるまでページを開くと、きれいにコピーすることができます。

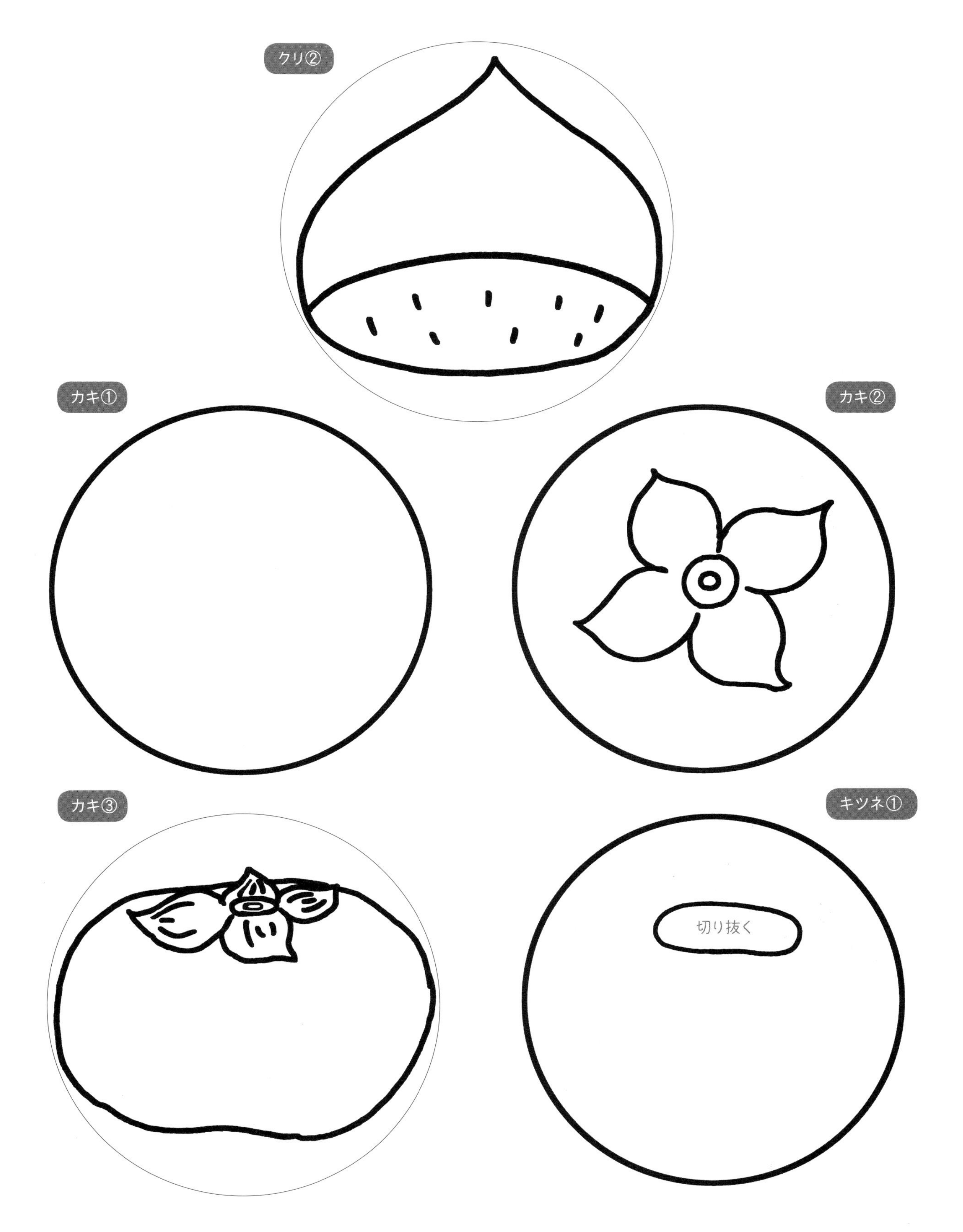

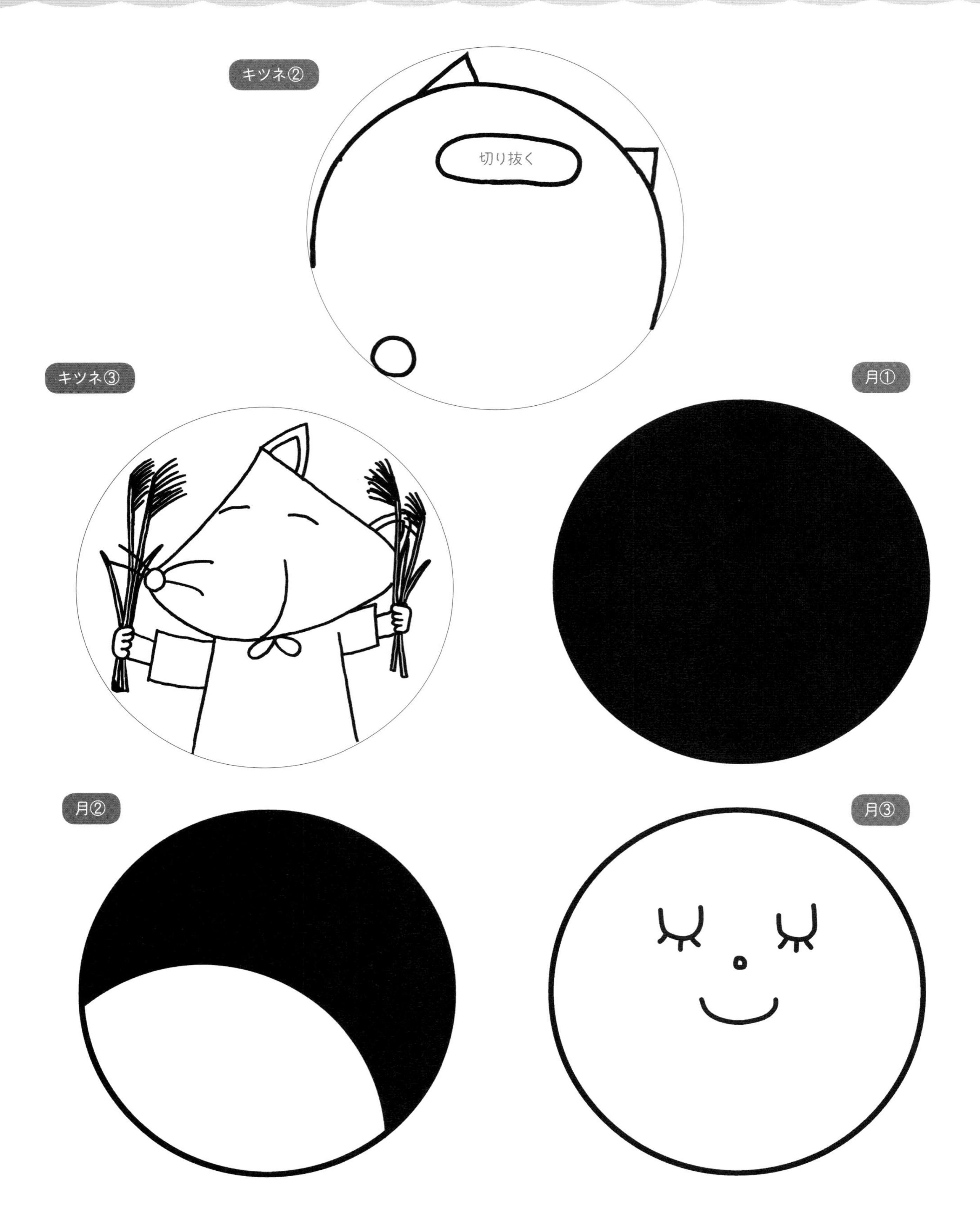
キツネ②
切り抜く
キツネ③
月①
月②
月③

P.46～47 防災の日・避難訓練 もしもね…

200%拡大

○

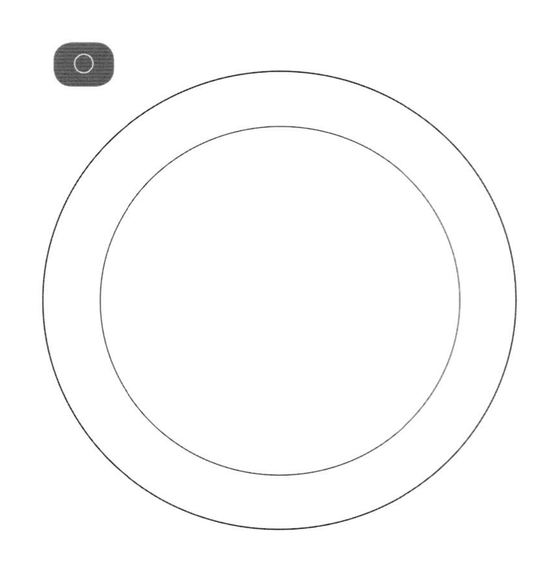

×

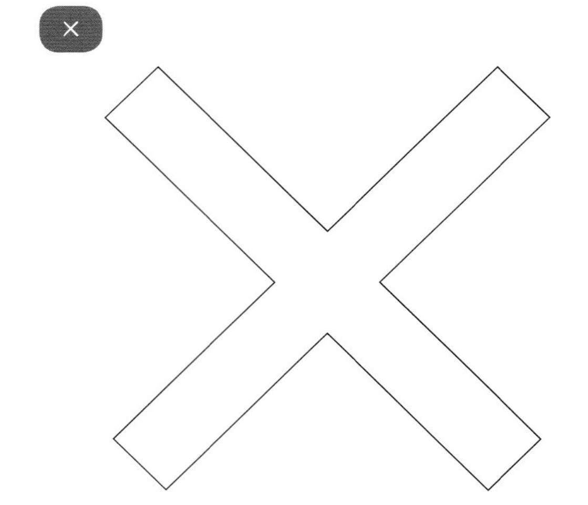

あわてない

あわてない

よくきいて

よくきいて

はしらない

はしらない

いっしょに

いっしょに

P.48～49

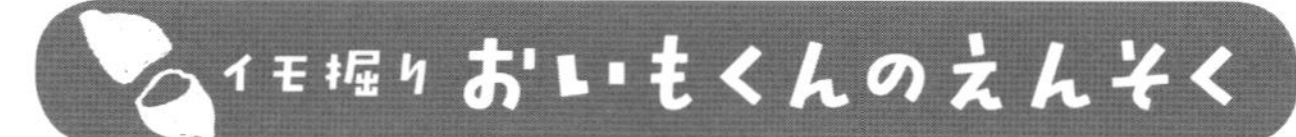

400%拡大

作り方

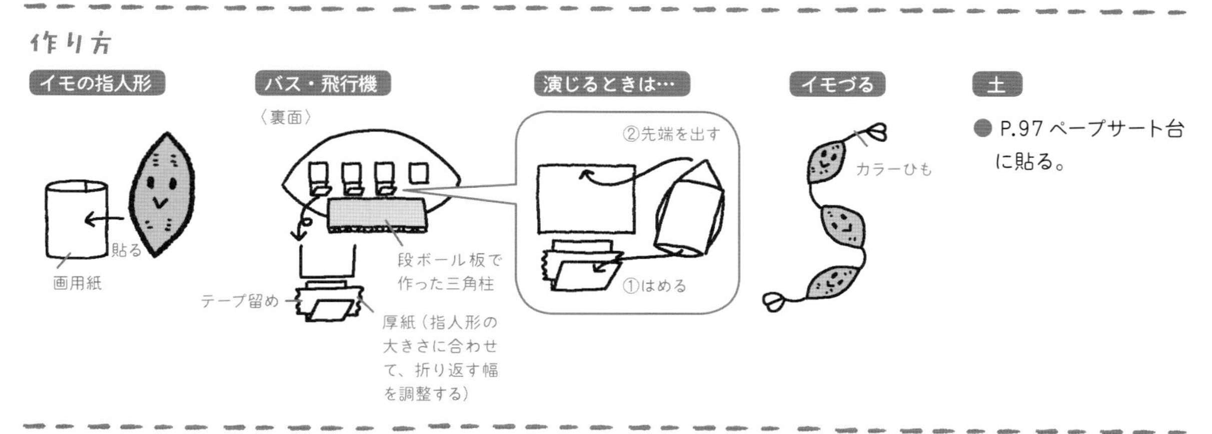

● P.97 ペープサート台に貼る。

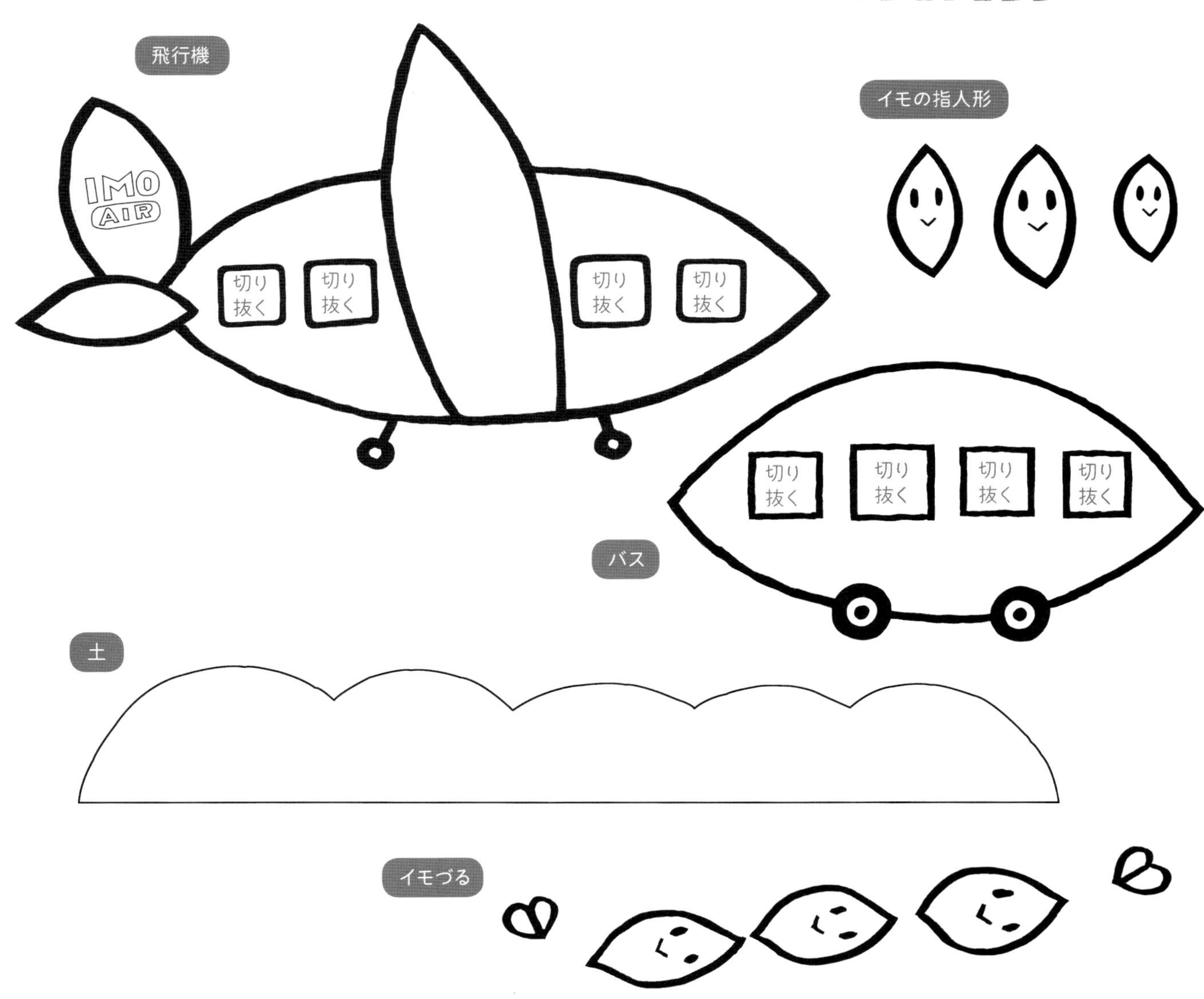

ハロウィン くいしんぼうないたずらおばけがやってきた！

350％拡大

作り方

おばけ、子ども、おばけの仮装

● P.97 ペープサート
絵人形の作り方参照。

おばけ（裏）　子ども（裏）

お菓子

〈裏面〉

ペープサート台

● P.97 ペープサート台
の作り方参照。

おばけの仮装

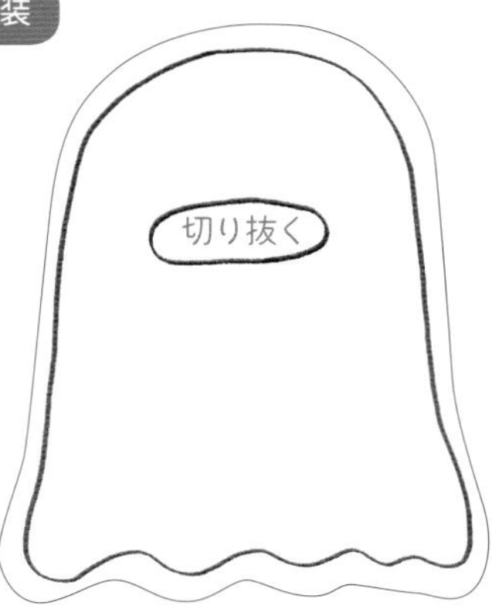

おばけ（表）　（裏）

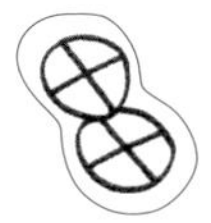

子ども（表）　（裏）

P.52～55 ハロウィン へんしん！へんしん！ハロウィン！

作り方

おばけファイル

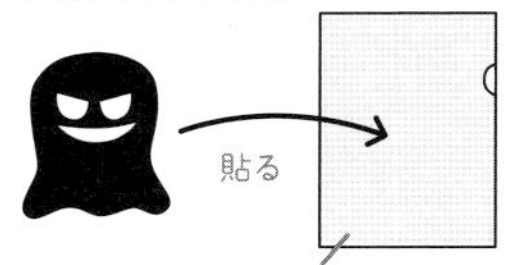

クリアフォルダー（A4 サイズ）

おばけファイル

ウサギ

クマ

ネコ

男の子

このメッセージが見えるまでページを開くと、きれいにコピーすることができます。

このメッセージが見えるまでページを開くと、きれいにコピーすることができます。

女の子

おばけ

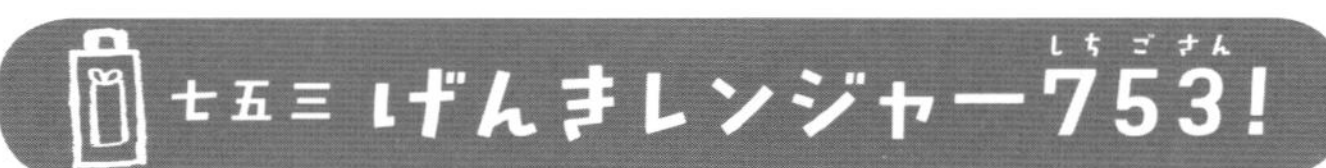

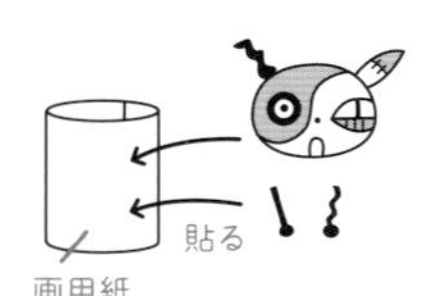

ビッグモンスター

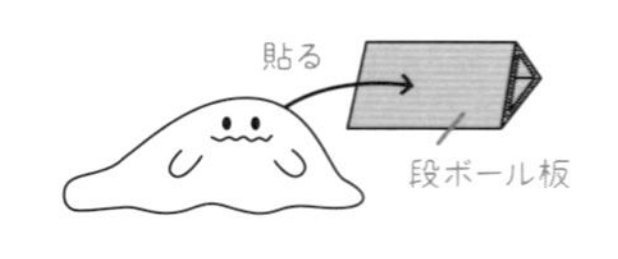

ななちゃん

ごうくん

さんちゃん

ゾンビちゃん

ドクロマン

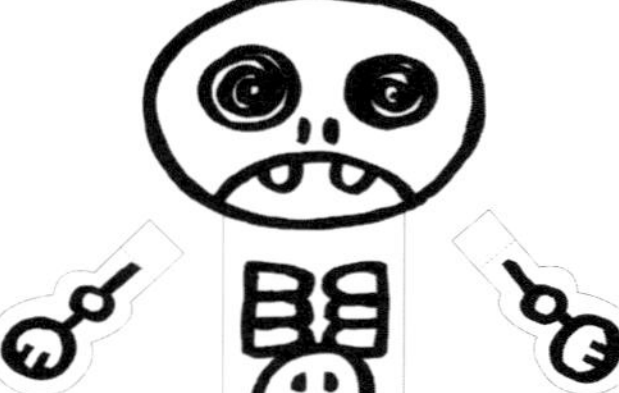

このメッセージが見えるまでページを開くと、きれいにコピーすることができます。

P.58〜61

300%拡大

作り方

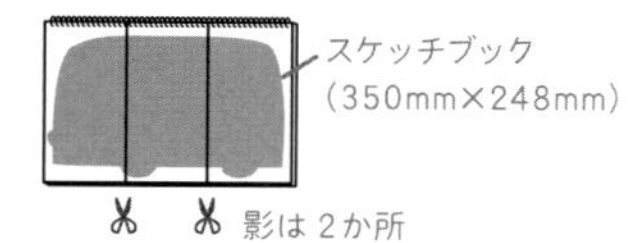

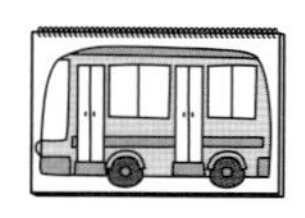

このメッセージが見えるまでページを開くと、きれいにコピーすることができます。

このメッセージが見えるまでページを開くと、きれいにコピーすることができます。

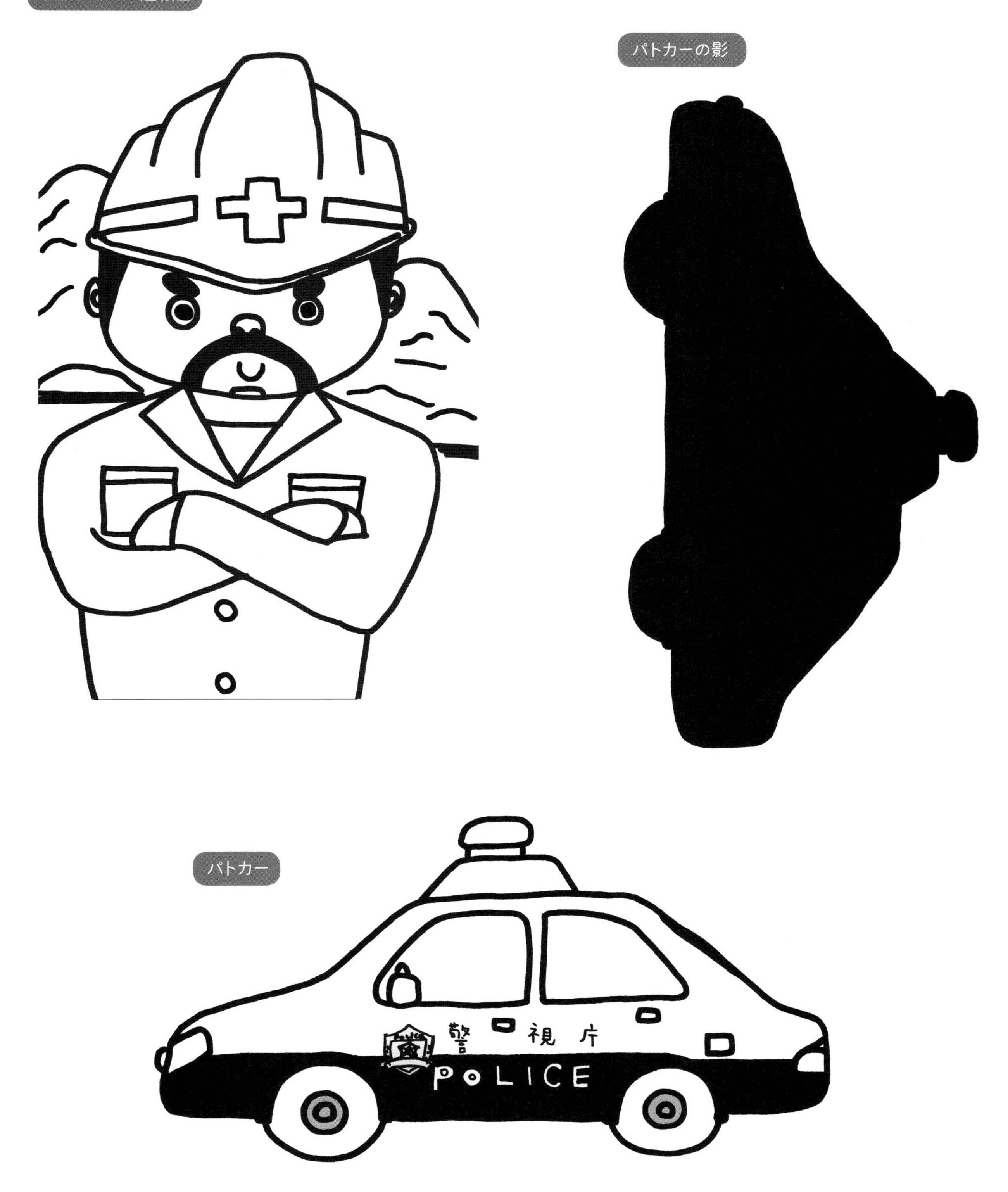

警察官
パン屋の影
パン屋

このメッセージが見えるまでページを開くと、きれいにコピーすることができます。

  クリスマス **クリスマスルーレット** 
原寸大

作り方

サンタさん、プレゼント、ケーキ

ルーレット

サンタさん

このメッセージが見えるまでページを開くと、きれいにコピーすることができます。

プレゼント①

ルーレット①

（クマの人形）

（飛行機）

プレゼント②

（ままごとセット）

（ロボット）

このメッセージが見えるまでページを開くと、きれいにコピーすることができます。

P.66～69 

作り方

● P.97 パネルシアター絵人形の作り方参照。
（目 は裏面にパネル布を貼って裏打ちする）

マツボックリ

ニンジン

（裏）

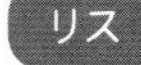

リス （表）

リンゴ

星

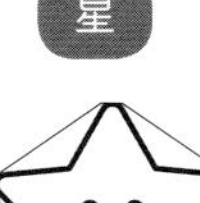

クマ

ウサギ

このメッセージが見えるまでページを開くと、きれいにコピーすることができます。

P.70～73 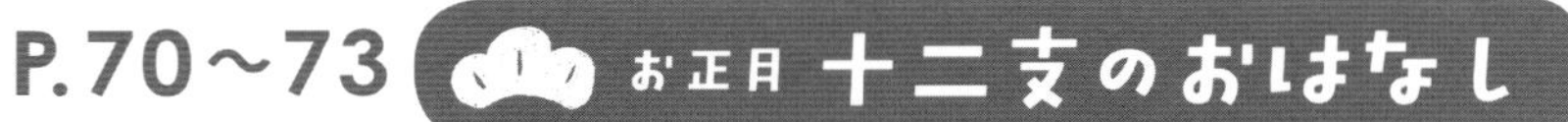

作り方

● P.97 パネルシアター絵人形の作り方参照（ネズミ は上部のみ貼り合わせ、下部を挟めるようにする）。

山

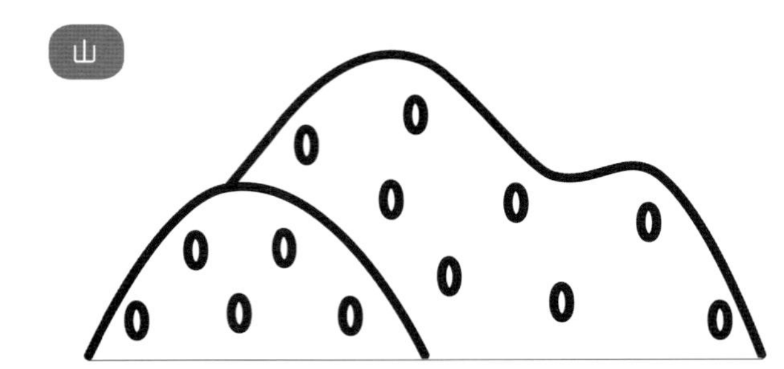

年神様

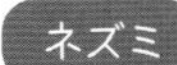

（表）

（裏）

看板

（表）

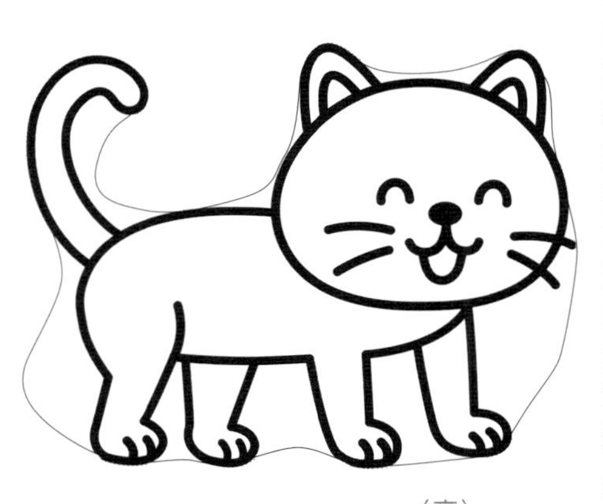

（裏）

このメッセージが見えるまでページを開くと、きれいにコピーすることができます。

このメッセージが見えるまでページを開くと、きれいにコピーすることができます。

このメッセージが見えるまでページを開くと、きれいにコピーすることができます。

P.74～75 

作り方

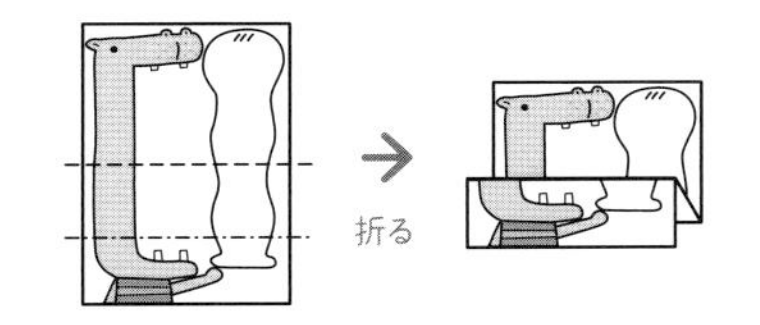

かばおくん

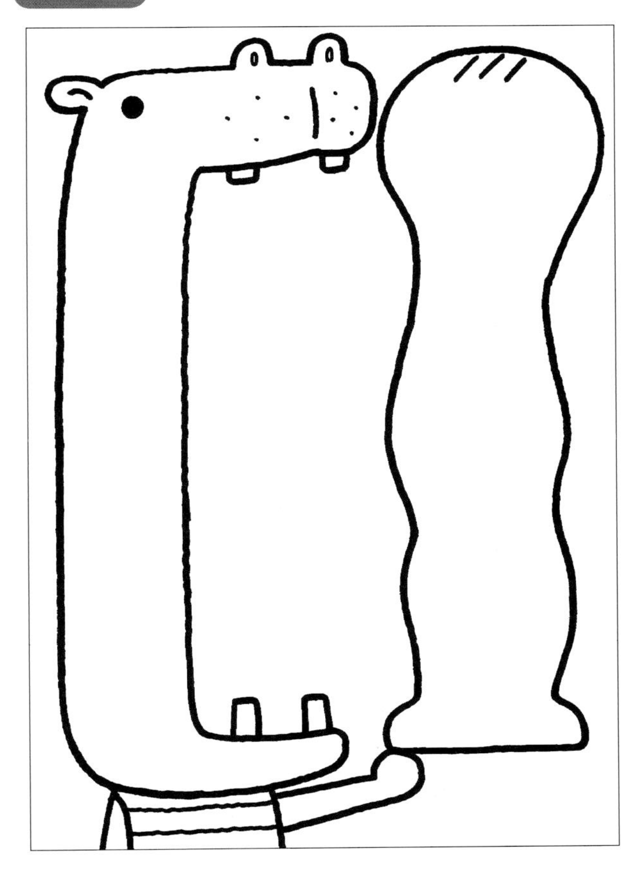

へびこちゃん

つむちゃん

たこきちくん

かめぞうくん

このメッセージが見えるまでページを開くと、きれいにコピーすることができます。

このメッセージが見えるまでページを開くと、きれいにコピーすることができます。

P.76～77 もちつき ぺったらぺったんおもちつき

作り方

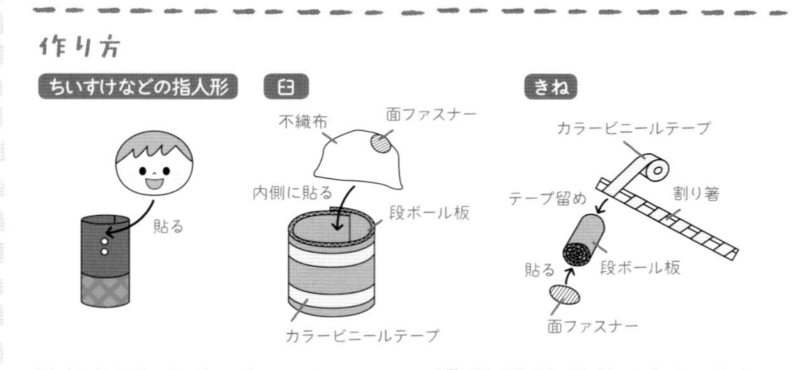

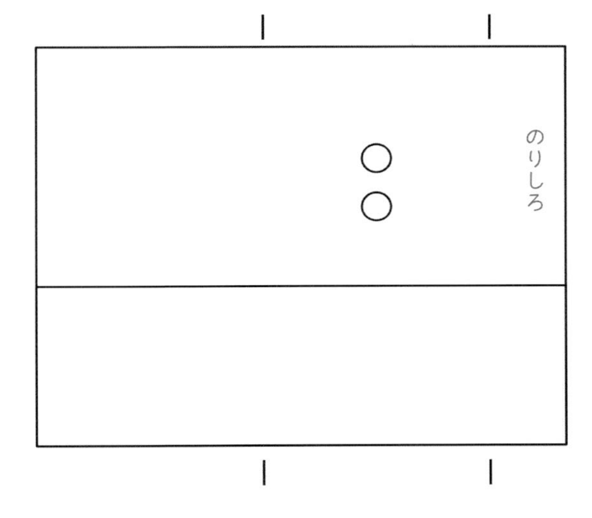

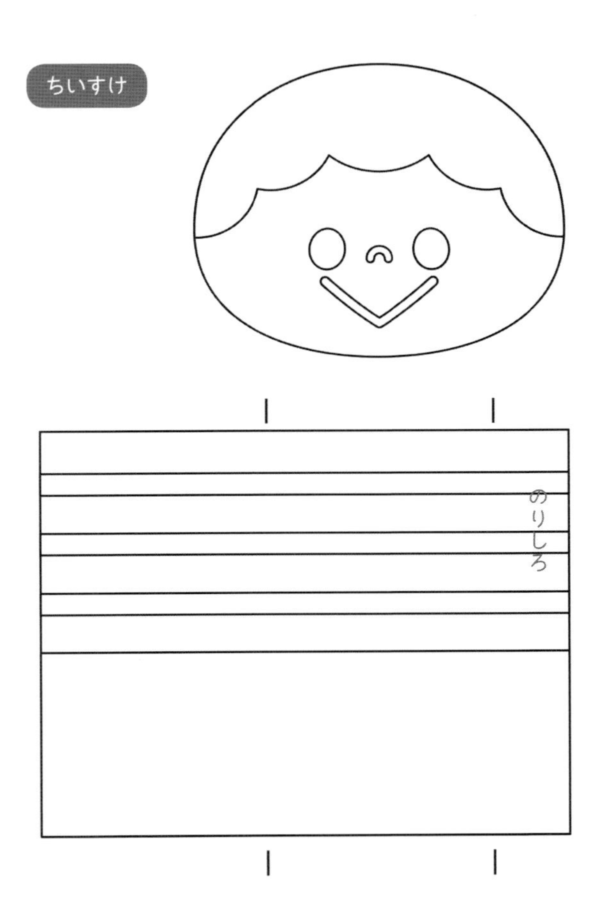

つっくん

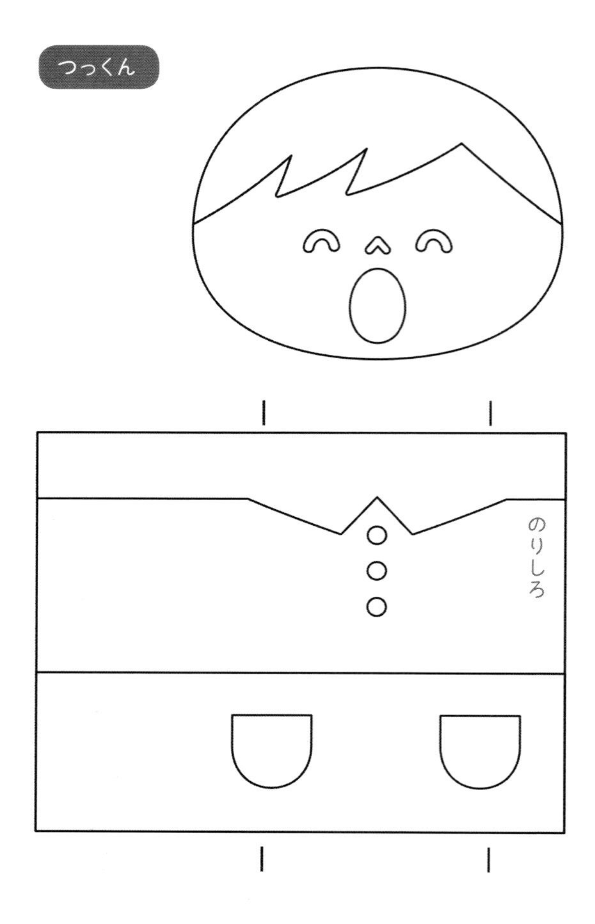

きーちゃん

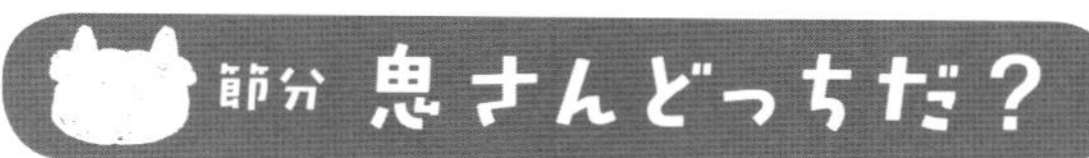

P.78～79 節分 鬼さんどっちだ？

作り方

草むら

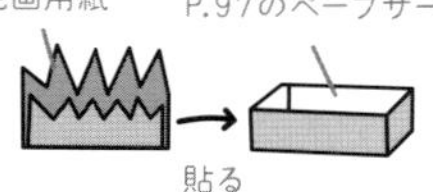

赤鬼などの絵人形

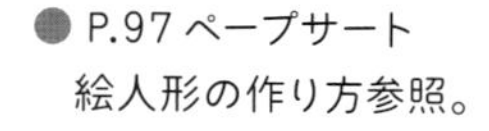

● P.97 ペープサート絵人形の作り方参照。

赤鬼（表）

青鬼（表）

紫鬼（表）

（裏）

（裏）

（裏）

（表）

（裏）

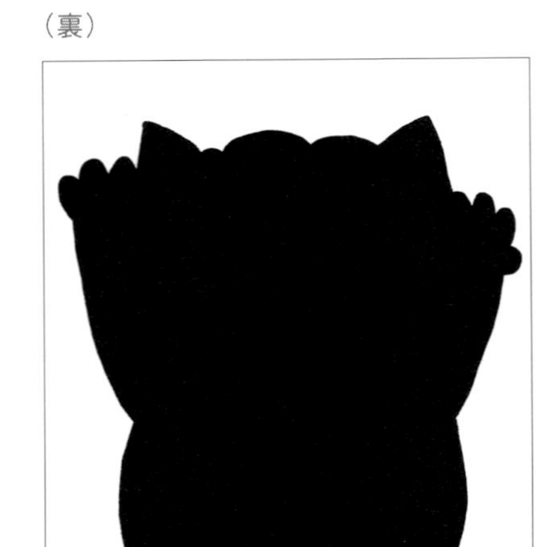

ブタ（表）

このメッセージが見えるまでページを開くと、きれいにコピーすることができます。

（表）

（裏）

ライオン（表）

（裏）

（表）

（裏）

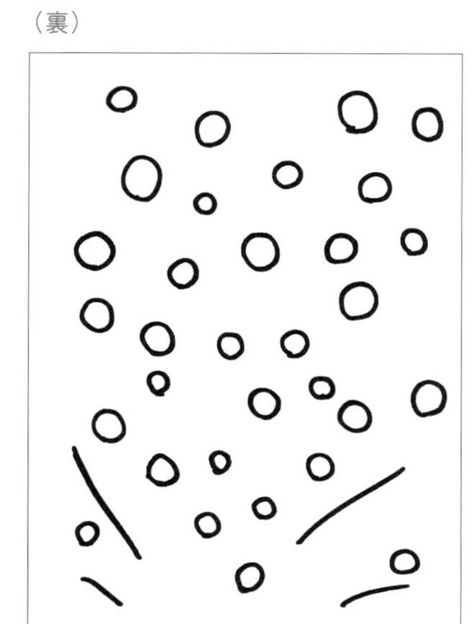

  節分 鬼のおめーんめんっ！  300%拡大

作り方

● P.97 パネルシアター絵人形の作り方参照（お面は裏面にパネル布を貼って裏打ちし、鬼は表を前面にして、体と腕の・印を重ねて糸留めする）。

<裏面>

お面（ウサギ）

ウサギ（表）

（裏）

タヌキ（表）

（裏）

お面（タヌキ）

このメッセージが見えるまでページを開くと、きれいにコピーすることができます。

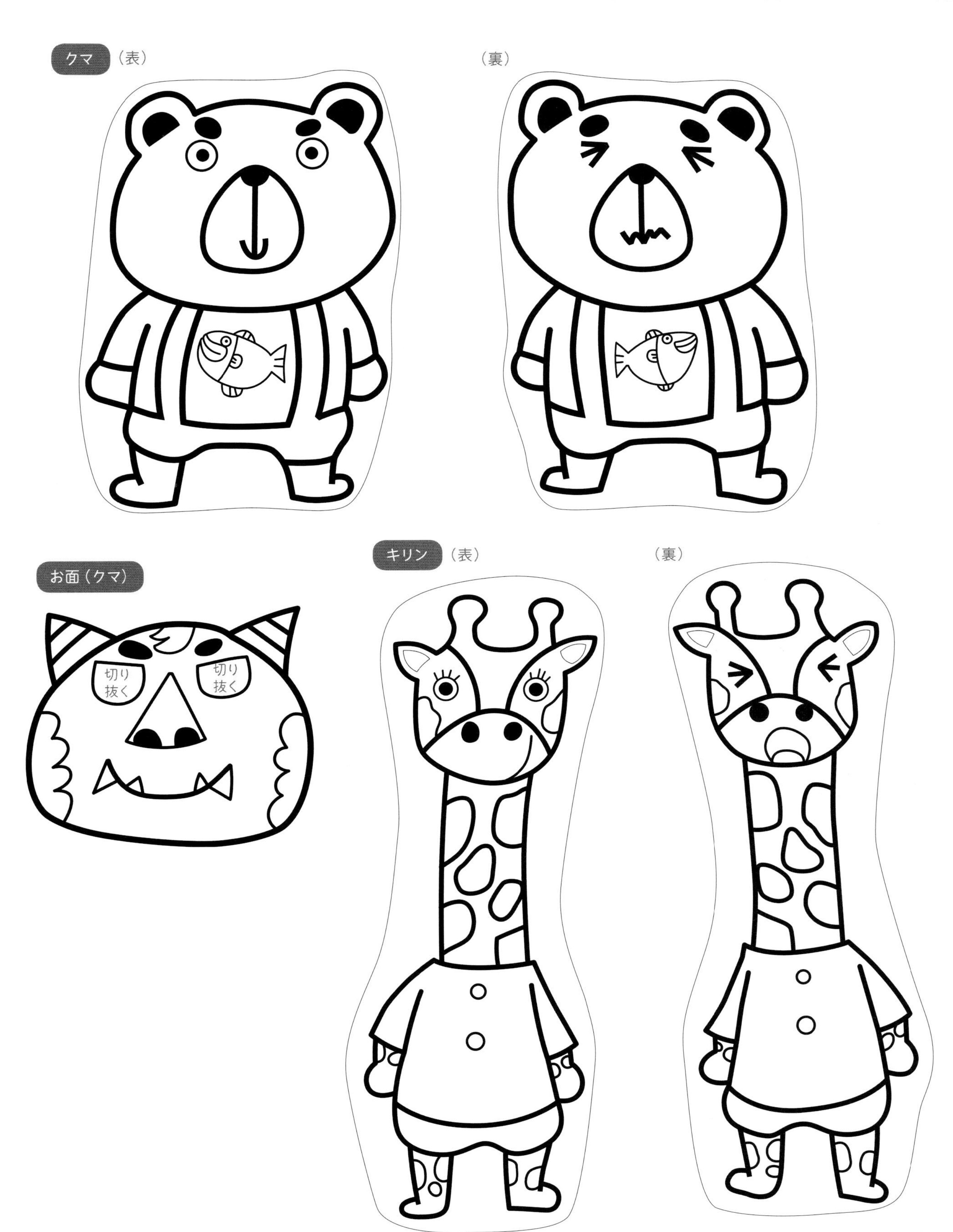

このメッセージが見えるまでページを開くと、きれいにコピーすることができます。

このメッセージが見えるまでページを開くと、きれいにコピーすることができます。

P.84～85 ひな祭り ふんわりおひなさま

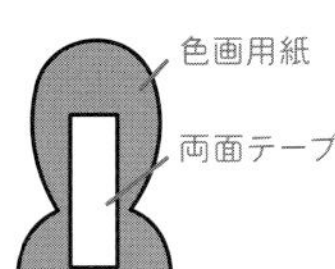

かんむり（おびな）

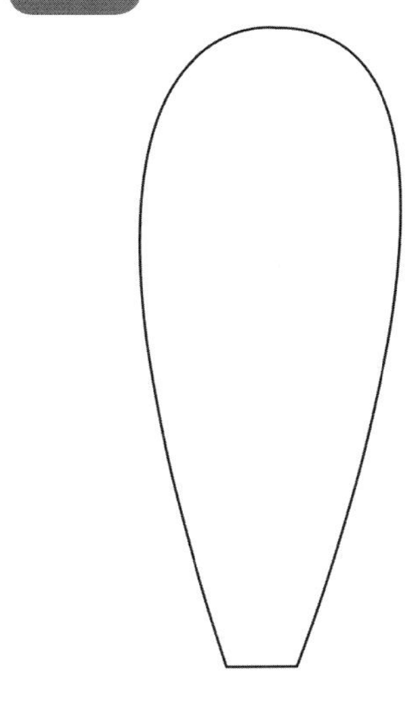

かんむり（めびな）

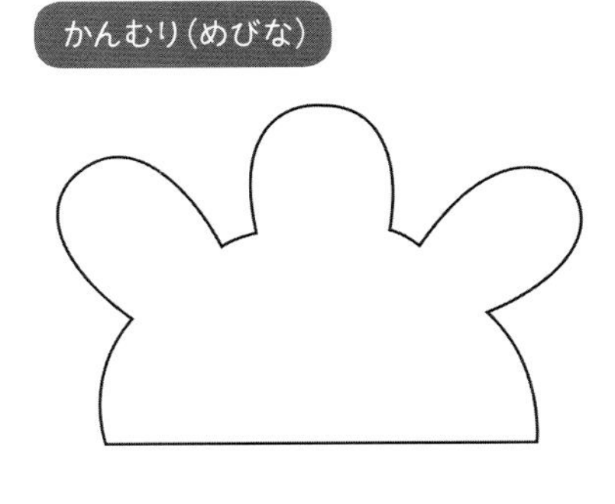

おうぎ

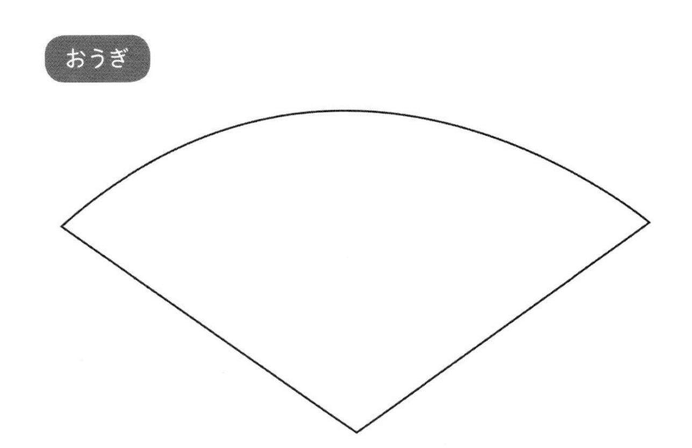

P.86〜89 ひな祭り 今日はうれしいひな祭り

作り方

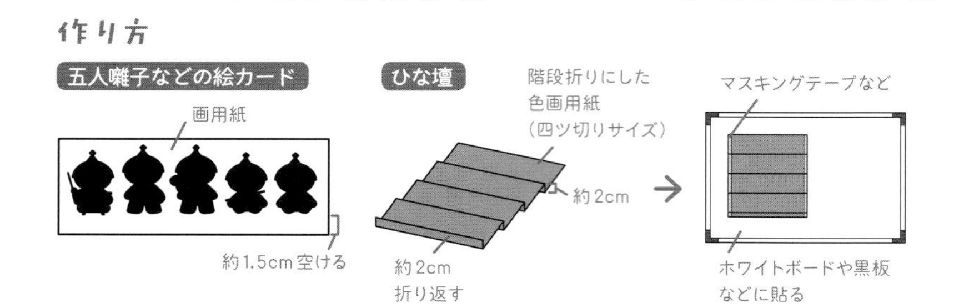

五人囃子（表）

ぼんぼりん（表）

（裏）

（裏）

このメッセージが見えるまでページを開くと、きれいにコピーすることができます。

このメッセージが見えるまでページを開くと、きれいにコピーすることができます。

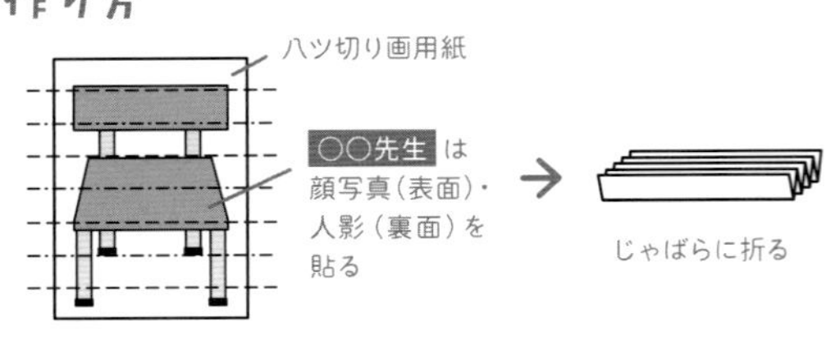

イス

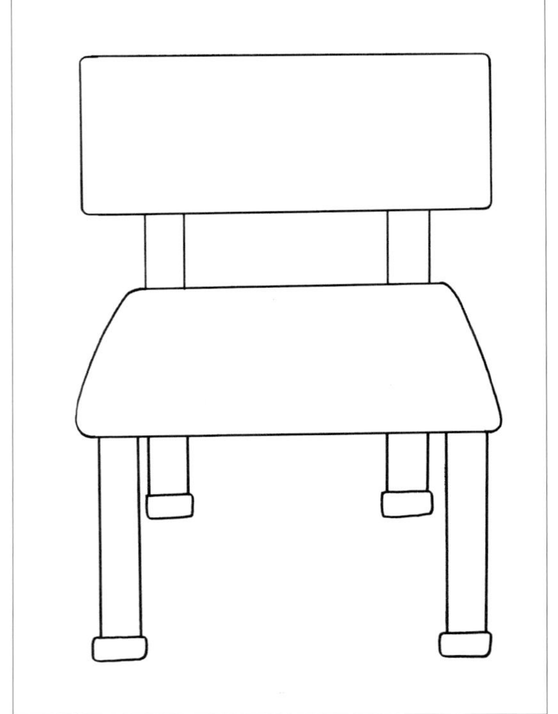

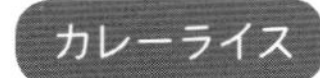

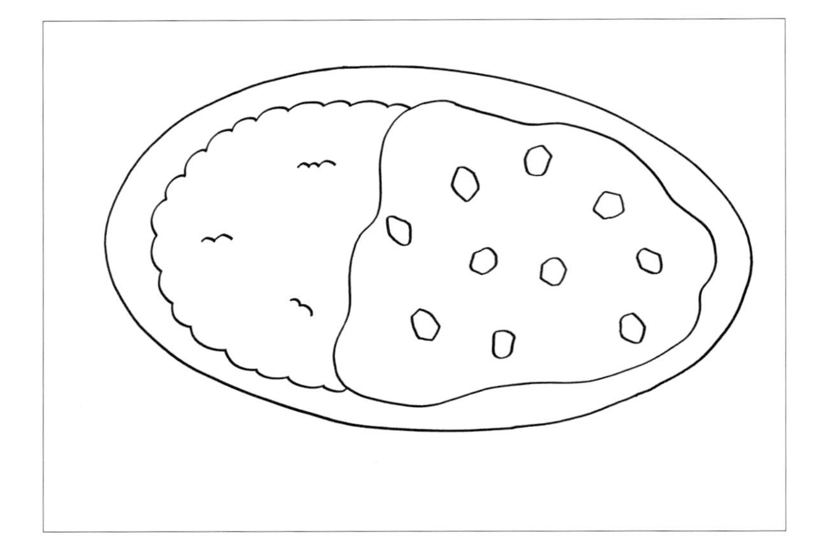

すべり台

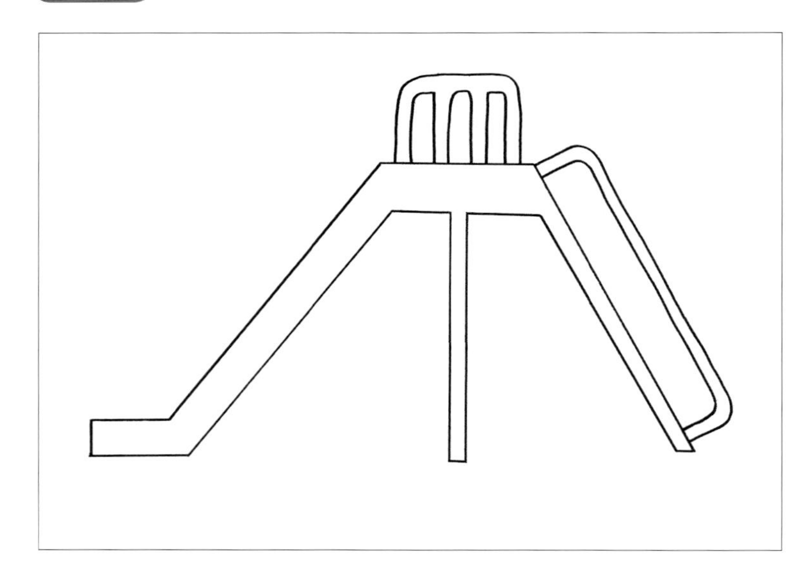

このメッセージが見えるまでページを開くと、きれいにコピーすることができます。

P.92～93 お別れ会・卒園式 ならびかえたら なにになる？

作り方

ペープサート絵人形

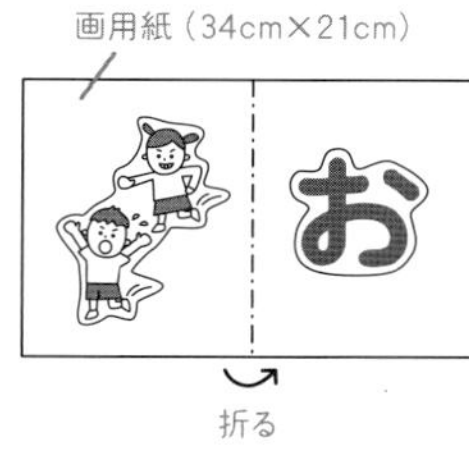

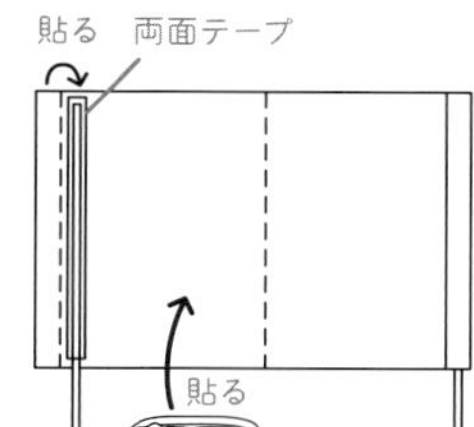

ペープサート台

● P.97 ペープサート台の作り方参照。

お

（表・左：鬼ごっこ）

（表・右：お）

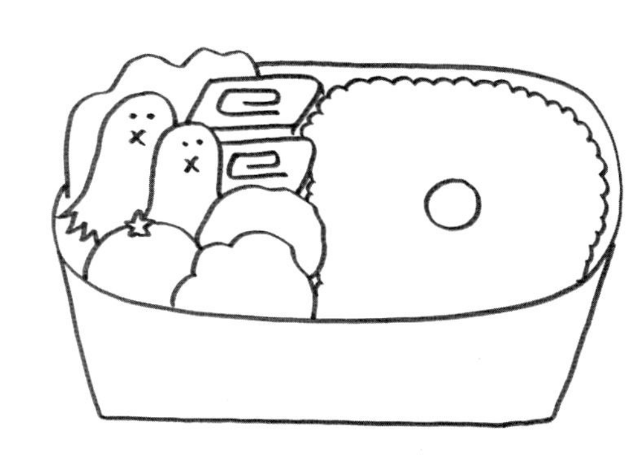

（裏：おべんとう）

め

（表・左：メガネ）

（表・右：め）

（裏：メダカ）

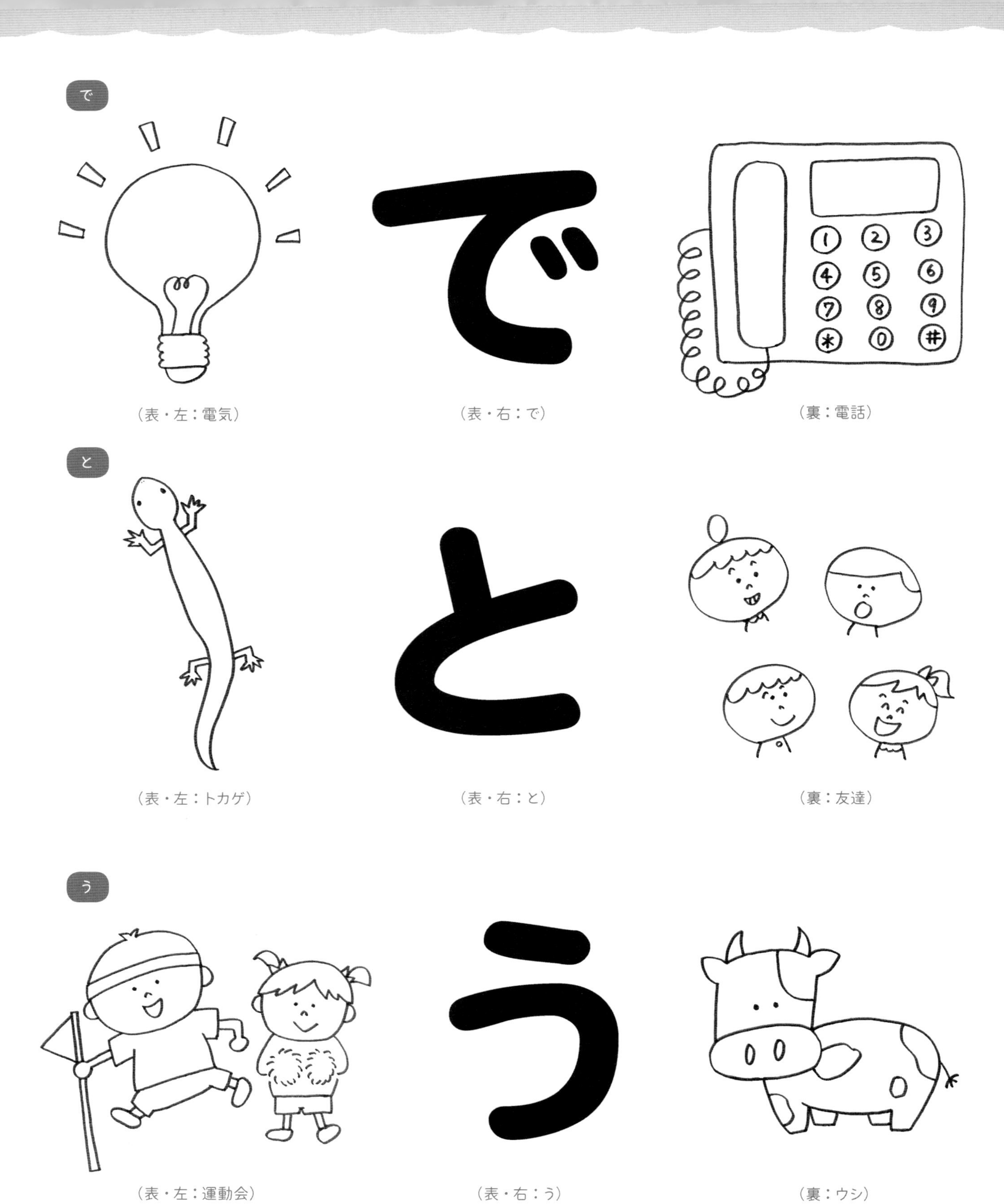

（表・左：電気）　（表・右：で）　（裏：電話）

（表・左：トカゲ）　（表・右：と）　（裏：友達）

（表・左：運動会）　（表・右：う）　（裏：ウシ）

このメッセージが見えるまでページを開くと、きれいにコピーすることができます。

このメッセージが見えるまでページを開くと、きれいにコピーすることができます。

P.94〜96 誕生会 みんなおたんじょうび！

このメッセージが見えるまでページを開くと、きれいにコピーすることができます。

このメッセージが見えるまでページを開くと、きれいにコピーすることができます。

著者

シアター

＊浦中こういち
＊kit-chen（小沢かづと、iku、鈴木翼）
＊すかんぽ
＊藤本ともひこ
＊松家まきこ（淑徳大学）

行事のいわれ・由来

＊堀田浩之（飯田女子短期大学）

参考文献

『保育に役立つ！年中行事の言葉かけBOOK』（著：堀 祐美子　ナツメ社）
『年齢別 行事ことばかけハンドブック』（監修：兵頭惠子　世界文化社）
『子育て こころと知恵-今とむかし』（著：上 笙一郎　赤ちゃんとママ社）
『ハロウィーンの文化誌』（著：リサ・モートン　訳：大久保庸子　原書房）
『日本伝承遊び事典』（編：東京おもちゃ美術館　黎明書房）
『江戸の子供遊び事典』（著：中田幸平　八坂書房）
『暦と行事の民族誌』（著：佐藤健一郎・田村善次郎　八坂書房）
『日本の色のルーツを探して』（解説・監修：城 一夫　パイ インターナショナル）

STAFF
●絵人形・型紙イラスト、製作／あきやまりか、青木菜穂子、iku、浦中こういち、大塚亮子、後藤みき、とりうみゆき、藤本ともひこ
●本文イラスト／みやれいこ、むかいえり、Meriko、もり谷ゆみ
●型紙製作／坂川由美香
●撮影／佐久間秀樹
●本文デザイン／株式会社レジア（上條美来）
●楽譜採譜・浄書／株式会社クラフトーン
●校正／堀田浩之（飯田女子短期大学）
●企画・編集／山田聖子、北山文雄

たっぷり！　年中行事シアター

2018年12月　初版発行
2020年12月　第6版発行
編　者　ひかりのくに編集部
発行人　岡本 功
発行所　ひかりのくに株式会社
〒543-0001　大阪市天王寺区上本町3-2-14
TEL06-6768-1155　郵便振替00920-2-118855
〒175-0082　東京都板橋区高島平6-1-1
TEL03-3979-3112　郵便振替00150-0-30666
ホームページアドレス　https://www.hikarinokuni.co.jp
印刷所　大日本印刷株式会社

JASRAC 出 1811568-006
Printed in Japan
ISBN978-4-564-60921-3
NDC376　160P　26×21cm